Trois cent soixante-huit jours plus tard,
ils auront parcouru 12 000 km,
franchi dix-huit chaînes de montagne,
vingt-quatre cours d'eau,
traversé douze provinces,
dont l'une est aussi grande que la France !
Sans relâche, ils marchent pour échapper aux armées
du tout-puissant chef des nationalistes.

Nous sommes le 29 mai 1935. Depuis six mois, l'armée Rouge des communistes chinois fuit les troupes du Guomindang. Son but : rejoindre la Chine du Nord-Ouest, en traversant les régions les plus montagneuses du pays. C'est là que s'élève le Minya Konka qui culmine à 7600 mètres !
Mao et ses hommes s'approchent d'une petite ville, Luding. Ils ont marché toute la nuit sous une pluie battante.
Il est 6 heures du matin.

Les chaînes du pont de Luding se balancent dans le vide au-dessus du torrent, treize énormes chaînes de fer noirci, normalement recouvertes de planches. Mais l'ennemi les a presque toutes retirées... En face, deux régiments du Guomindang occupent la ville et une mitrailleuse balaie la rive où vient d'arriver l'avant-garde de l'armée Rouge.|Il faut passer coûte que coûte.

Il faut franchir le pont, déloger la garnison ennemie, remettre des planches et passer, passer sous peine d'être anéantis par le gros des troupes de Jiang Jieshi. On demande une vingtaine de volontaires, il en vient plus de cent. Commandés par Liu Dachu, vingt-deux hommes commencent à progresser le long des chaînes, suspendus au-dessus du vide.

Les mitrailleuses de l'armée Rouge ont été installées en batterie ; des soldats abattent des arbres et coupent des planches à la hâte.
Soudain, en face, des clairons sonnent la charge, des armes crépitent, des cris s'élèvent : «Da Tao ! Tuez ! Tuez ! Chargez !»
Les vingt-deux volontaires avancent tant bien que mal.

Liu Dachu, le premier, est atteint par les balles des Blancs. Il tombe. Le courant emporte son corps. Un autre tombe, puis un autre encore. Leurs camarades continuent pourtant. De l'autre côté, les Blancs déversent de l'essence, mettent le feu aux dernières planches. Après une hésitation, poussés par les cris de leurs camarades, les derniers rescapés sautent et franchissent le mur de flammes.

A coups de grenade, ils délogent les défenseurs du pont, ils s'emparent de la mitrailleuse. Derrière eux, les soldats de l'armée Rouge ont eu le temps de replacer des planches et de reconstituer le pont. Ils courent, le fusil à la main. La porte du pont est vite franchie, l'ennemi décampe, la ville tombe.
La bataille du pont de Luding aura duré très exactement une heure.

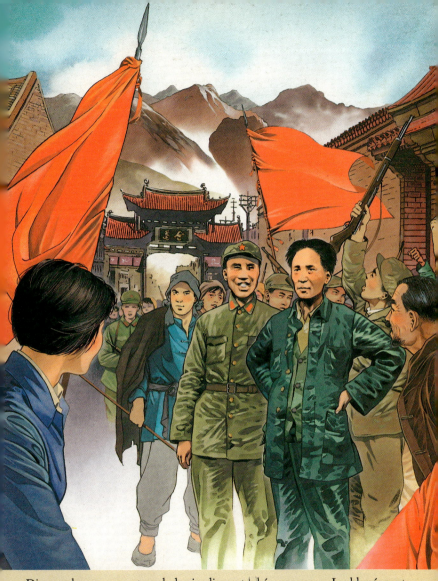

Dix-sept hommes y ont perdu la vie, dix-sept |«héros rouges». Les blessés sont nombreux, les brûlures ne se comptent plus. Aux côtés de Mao Zedong, Zhu De, commandant en chef de l'armée Rouge, a assisté au combat sans prononcer une parole, comme pétrifié. Il sait que le sort de la Chine vient de se jouer. Mao le sait aussi. La Longue Marche vers la Chine moderne va pouvoir continuer.

Claude Hudelot a passé son diplôme de chinois à l'École des langues orientales en même temps qu'il soutenait un mémoire d'histoire sur le Mouvement du 4 Mai 1919. Il a déjà publié sur la Longue Marche un travail de recherches sur des textes originaux, dans la collection «Archives» de Gallimard. Il s'est rendu cinq fois en Chine, pour y réaliser des émissions de radio et des reportages de télévision. A 44 ans, Claude Hudelot est actuellement directeur de la maison de la culture de La Rochelle et du Centre-Ouest.

Responsable de la rédaction
Elizabeth de Farcy
Maquette
Jean-Claude Chardonnet
Iconographie Jeanne Hely,
Françoise Borin
Illustration Philippe
Munch
Lecture - correction
Dominique Froelich,
Dominique Guillaumin,
Alexandre Coda

Coordination
Elizabeth de Farcy

Tous droits de traduction et d'adaptation réservés pour tous pays
© *Gallimard 1986*

Dépôt légal: Septembre 1988
1er dépôt légal: Octobre 1986
Numéro d'édition: 44064
ISBN 2-07-053014-0
Imprimé en Italie

Composition Sophotyp,
Paris; Tygra, Paris
Photogravure Fotocrom,
Udine
Impression Editoriale
Libraria, Trieste
Reliure Zanardi, Padoue

LA LONGUE MARCHE VERS LA CHINE MODERNE

Claude Hudelot

DÉCOUVERTES GALLIMARD
HISTOIRE

En ce milieu du XIXe siècle, cela fait trois millénaires que les dynasties chinoises se succèdent. Les empereurs s'appellent les Fils du Ciel et leur empire semble éternel. Pourtant, la Chine connaît d'étranges convulsions. Les «barbares occidentaux» tentent de s'emparer de ses richesses et surtout de l'opium. En 1860, après la mise à sac du Palais d'Été de Pékin par un contingent franco-anglais, le vieil empire est bien forcé d'ouvrir ses portes.

CHAPITRE PREMIER
LA FIN DE L'EMPIRE DU MILIEU

Lieu de résidence des empereurs, le Palais d'Été a été construit en 1709, près de Pékin. Comme la Cité interdite au centre de la ville, il symbolise le pouvoir impérial dont les fonctionnaires sont les garants.

LA FIN DE L'EMPIRE DU MILIEU

Les puissances extérieures imposent des «traités inégaux», des traités territoriaux qui défavorisent la Chine, cependant que de grands mouvements de révolte secouent le pays. Le plus célèbre d'entre eux se nomme Taiping, la Grande Paix. Le soulèvement dure plus de dix ans, de 1853 à 1864. Les Taiping veulent chasser la dynastie d'origine mandchoue qui règne depuis 1644, ils réclament une réforme de l'impôt, une redistribution des terres ainsi que l'émancipation de la femme. C'est pourquoi les communistes du XXe siècle voient en ces révoltés des précurseurs. Les Taiping sont finalement réprimés. Ils perdent leur dernière bataille sur les rives du même torrent que les communistes réussiront à franchir soixante-douze ans plus tard.

L'impératrice douairière, Cixi (Tseu-Hi) refuse toutes les propositions de réforme

Elle devra pourtant céder sur certains points, et n'empêchera pas l'écroulement de la dynastie.
A la fin du XIXe siècle, le vieil empire est terriblement affaibli par la défaite en 1895 contre l'ennemi traditionnel, les Japonais, qui atteignent Port-Arthur, et par le partage des zones d'influence imposé par les Russes, les Allemands, les Anglais et les Français qui se découpent littéralement le «gâteau» chinois.

En 1900, les membres d'une société secrète – surnommés Boxers par les Européens – assiègent le quartier des délégations étrangères à Pékin. Les étrangers sont libérés au bout de cinquante-cinq jours, les fameux «Cinquante-Cinq Jours de Pékin».

L'image d'une procession impériale en 1860, par Zhun Beizhun, symbolise bien le pittoresque du protocole sous l'empire mandchou.

Vue de l'Occident, la Chine impériale prête à toutes sortes de caricatures.
Celle de l'impératrice Cixi, à gauche, ferait presque oublier les talents hors du commun de cette femme qui sait évincer tous ses adversaires et réussit même à empêcher son propre fils de mener à bien les réformes qui s'imposent.
Elle est le dernier dictateur de l'Empire.
Elle disparue, ce sera l'avènement de la République.

Publié dans le magazine français *le Petit Journal*, ce dessin intitulé «le dépècement de la Chine» illustre la politique des Grands. De gauche à droite, l'Angleterre, la Prusse, la Russie. La France est bien discrète; le Japon, songeur, attend son heure. La Chine, représentée par Yuan Shikai, lève les bras au ciel et proteste. En vain.

LE GÂTEAU CHINOIS

16 LA FIN DE L'EMPIRE DU MILIEU

LA GUERRE DES BOXERS 17

Deux images parues en France le 15 juillet 1900 renforcent encore la vision caricaturale des événements de Chine. A gauche, un groupe de Boxers agités adresse force menaces aux étrangers. Mais les armes rudimentaires (des fourches), les costumes traditionnels (la longue natte portée par les hommes), sont autant de signes de leur impuissance devant les soldats anglais et les matelots français aux costumes impeccables, armés de fusils. La guerre des Boxers se termine effectivement par ce face à face entre les troupes occidentales parfaitement équipées et les têtes sanglantes des Boxers exposées à la vindicte publique.

18 LA FIN DE L'EMPIRE DU MILIEU

Les Boxers sont massacrés par un corps expéditionnaire envoyé d'Europe. L'impératrice s'enfuit et la Chine doit payer une très forte indemnité aux puissances étrangères.

En 1905, Cixi doit concéder quelques réformes. Le vieux système des examens impériaux (les examens permettaient aux lettrés de devenir fonctionnaires) est abandonné. Mais pour lutter contre la puissance des étrangers et pour mettre en place un gouvernement plus moderne, des révolutionnaires cherchent à renverser la

Le mouvement des Boxers est significatif des contradictions d'une époque de grande confusion. Né du désir populaire de reconquérir une identité nationale bafouée par les puissances étrangères, mais aussi foncièrement anti-mandchou, il est très vite manipulé par le pouvoir. Les Boxers, qui se croient investis de pouvoirs magiques et donc invincibles, parviennent à inquiéter les Européens vivant en Chine. Mais ils découvrent très vite à leurs dépens que les arts martiaux ne font pas le poids face aux armes à feu occidentales.

LES PREMIÈRES LUTTES RÉVOLUTIONNAIRES

dynastie. Le docteur Sun Yixian (Sun Yat-sen) dirige le mouvement. Il s'appuie sur la bourgeoisie du Sud, sur les étudiants de retour d'Europe et sur les Chinois d'outre-mer. Sun Yixian fonde le premier parti nationaliste, le Guomindang (Kuo-min-tang).

Cixi meurt en 1908. A la cour, les intrigues se multiplient pour la prise du pouvoir. En mai 1911, le gouvernement décide de nationaliser tous les chemins de fer. C'est le signal de la révolte. Dans plusieurs villes de la vallée du Yangzijiang (Yang-Tse-Kiang), des groupes de jeunes gens prennent les armes contre les forces gouvernementales. La dynastie mandchoue disparaît pratiquement sans résistance. Avec elle s'éteint un empire vieux de trois mille ans.

Le docteur Sun Yixian, qui n'aura été que quelques mois à la tête de la jeune république, reste malgré tout l'une des trois figures chinoises les plus marquantes du XXe siècle, avec Jiang Jieshi et Mao Zedong.
Originaire de la région de Canton, ayant longuement séjourné et voyagé à l'étranger, il est conscient des changements qui bouleversent le monde. Son grand mérite est de définir à travers les trois principes du peuple (nationalisme, démocratie, socialisme) un nouvel état d'esprit qui permettra à la Chine de se dégager de l'archaïsme dans lequel elle vit au début du siècle.

La République chinoise est proclamée. Sun Yixian en devient le président le 1ᵉʳ janvier 1912. Pour deux mois seulement…

Le pouvoir appartient toujours aux chefs militaires. Sun Yixian démissionne le 13 février 1912 et c'est l'un d'entre eux, le maréchal Yuan Shikai (Yuan Che-kai) qui le remplace à la tête de la République avant de tenter de restaurer l'empire à son profit. Sa tentative échoue.

La jeune République survit dans le chaos. Elle est mise à mal pendant plus de dix ans par ceux que l'on appelle les seigneurs de la guerre, des mercenaires mi-généraux, mi-brigands à la tête d'une poignée d'hommes, ou bien de véritables armées équipées par des puissances étrangères. La République subit aussi une pression de plus en plus forte de l'impérialisme japonais.

Si l'empire meurt bel et bien en 1911, la vieille Chine ne disparaît pas pour autant. Les traditions, les coutumes ancestrales, le confucianisme ne s'effacent pas d'un coup de baguette magique. La majeure partie des Chinois continue de vivre à l'ancienne.

Cependant, dans tout le pays, de jeunes intellectuels rêvent d'un État libéral et démocratique

Ils voudraient changer les mentalités des gens. Ils luttent contre la «morale traditionnelle faite de loyauté, de piété filiale, de chasteté, contre la religion traditionnelle, la vieille littérature et la politique vieux style».

Un autre mouvement va rejoindre cette première révolution culturelle. Depuis plusieurs années, les Japonais ont commencé à s'implanter en Chine. En 1915, ils ont imposé leurs «vingt et une demandes» (en réalité vingt et une exigences qui n'étaient autre qu'une ingérence du Japon dans les affaires de la Chine) qui sont autant de signes précurseurs d'une colonisation. Le 4 mai 1919, les étudiants de Pékin réagissent contre les Japonais dans une grande manifestation. Le pays connaît ensuite des mouvements de grève. Les marchandises japonaises sont boycottées. Finalement les ministres pro-japonais du gouvernement sont congédiés. C'est la victoire du Mouvement du 4 mai 1919.

Dès lors, l'histoire de la Chine s'accélère. Il s'agit bien d'une véritable révolution culturelle, marquant le réveil du pays dans le domaine politique mais aussi dans le

LES PREMIERS JOURS DE LA RÉPUBLIQUE CHINOISE

Les empereurs mandchous qui, du nord de la Chine étaient venus prendre le pouvoir en 1644, avaient imposé aux Chinois certaines de leurs coutumes, dont le port de la natte.
Le premier geste de libération est donc de couper cette chevelure, symbole de deux siècles et demi d'asservissement.

Yuan Shikai est le prototype de ces militaires politiciens que la Chine a connus de tout temps.
Capable de changer de camp suivant le rapport des forces, il est avec Cixi contre les réformateurs et le jeune empereur, avant de devenir le second président de la République.
Il fera tout pour s'attribuer le titre d'empereur avant de disparaître dans des conditions mystérieuses.
Après l'échec de Yuan Shikai, d'autres militaires vont tenter de prendre le pouvoir à Pékin et dans d'autres régions de Chine.
A la tête d'armées plus ou moins bien équipées, parfois soutenus par les puissances étrangères dont ils deviennent les hommes de paille, les seigneurs de la guerre se partagent le territoire en plusieurs zones.

Visage aux traits réguliers dégageant une sorte de sagesse, regard lointain, Mao n'est encore qu'un fils de paysan, mi-étudiant, mi-bibliothécaire.
Il est pourtant très tôt mêlé à l'histoire de son pays.
Tout d'abord figurant, de 1911 à 1921, il devient acteur en adhérant parmi les tout premiers au Parti communiste chinois, le PCC, et en participant à son premier congrès.
Il faudra néanmoins attendre la fin des années 1930 et surtout la Longue Marche pour voir naître le mythe Mao.

Juillet 1921 : douze jeunes gens sont en bateau sur un lac, près de Shanghai... Ce sont en fait les douze fondateurs du Parti communiste chinois. Ils se sont d'abord réunis clandestinement à Shanghai, dans la concession française, puis sur un bateau, à l'abri d'oreilles indiscrètes.
Par la suite, deux d'entre eux deviendront célèbres : Mao Zedong et Chang Guotao (qui jouera un rôle important lors de la Longue Marche).

domaine littéraire. La Russie vient de faire sa révolution, à peine deux ans plus tôt. Les échos de la révolution russe d'octobre 1917 atteignent Pékin où des intellectuels étudient son évolution.

Parmi eux, un jeune aide-bibliothécaire de l'université : il s'appelle Mao Zedong

Venu d'une province centrale, le Hunan, fils d'un paysan enrichi, Mao a été mêlé de près à la révolte de 1911. Il a suivi le Mouvement du 4 mai 1919. En juillet 1921, il participe à la fondation du PCC, le Parti communiste chinois, il a 28 ans. Onze autres jeunes révolutionnaires sont présents à ce premier congrès. Le parti communiste compte alors en tout et pour tout 57 membres ! Mais le mouvement fait boule de neige. Ils sont 10 000 en 1925, 30 000 en 1926, 60 000 en 1927. Et ce sont eux qui organisent les syndicats ouvriers et les unions de paysans où se rassembleront bientôt des millions d'hommes et de femmes.

Un autre parti a lui aussi très vite grandi, fondé par Sun Yixian, premier président de la République chinoise : le Guomindang, c'est-à-dire Parti nationaliste du peuple, guidé par trois principes : le nationalisme, la démocratie, le socialisme, que l'on peut aussi traduire par «bien-être du peuple».

Sous l'influence de Moscou, le Guomindang et le Parti communiste s'allient pour tenter de prendre le pouvoir sur l'ensemble du territoire

Une grande opération se prépare. Sun Yixian disparaît en mars 1925, à 59 ans. Mais un jeune général de «gauche», qui vient de rentrer de Moscou, semble tout désigné pour diriger les opérations : Jiang Jieshi (Chiang Kaï-shek).

En mars 1926, les nationalistes du Guomindang et les communistes se trouvent au sud du pays, dans la région de Canton. Jiang Jieshi dirige les troupes. C'est la «Grande Expédition du Nord». Le succès est foudroyant : avant même l'arrivée des armées révolutionnaires, les paysans, aidés par les militants révolutionnaires, commencent une réforme agraire ! Ils commencent par refuser de payer les loyers et les dettes qu'ils doivent aux propriétaires fonciers qui les exploitent. Ils se forment ensuite en ligues, organisent et contrôlent les campagnes de plusieurs provinces.

Originaire de la région de Shanghai, Jiang Jieshi rejoint l'armée révolutionnaire en 1911, puis se consacre aux affaires avant d'apparaître sur la scène politique aux côtés du docteur Sun Yixiang.
Il fait un séjour à Moscou au début des années 20, avant de prendre la direction de l'Académie militaire de Huangpu (Whampoa).
À la mort de Sun Yixiang en 1925, il devient l'un des leaders du Guomindang.

Les paysans représentent alors, comme aujourd'hui, l'immense majorité du peuple chinois

Le plus souvent, ils sont pauvres, très pauvres, et dépendent de propriétaires qui possèdent la plus grande partie des terres. Cette réforme est donc la bienvenue.

Dès 1925, Mao Zedong, de retour dans sa province natale, le Hunan, commence à organiser des associations de défense des droits des paysans. Un an plus tard, il écrit un texte important, le *Rapport sur l'enquête menée dans le Hunan à propos du mouvement paysan*. Pour lui, il ne peut y avoir de révolution en Chine sans paysans. «Dans peu de temps, écrit-il, on verra dans les provinces du centre, du sud et du nord de la Chine des centaines de millions de paysans se dresser, impétueux, invincibles, tel l'ouragan, et aucune force ne pourra les retenir. Ils briseront toutes leurs chaînes et s'élanceront sur la voie de la libération. Ils creuseront le tombeau de tous les impérialistes, seigneurs de guerre, fonctionnaires corrompus et concussionnaires, despotes locaux et mauvais hobereaux. Ils mettront à l'épreuve tous les partis révolutionnaires, qui auront à prendre position. Nous mettre à la tête des paysans et les diriger? Rester derrière eux en nous contentant de les critiquer avec force gestes autoritaires? Ou nous dresser devant eux pour les combattre? Tout Chinois est libre de choisir une de ces trois voies, mais les événements obligent chacun à faire rapidement ce choix.»

Entre-temps, Sun Yixian est mort. Jiang Jieshi dirige à présent le Guomindang, où on ne partage pas l'avis de Mao Zedong : beaucoup de ses membres sont des propriétaires fonciers. Les communistes, alliés du Guomindang, se voient obligés d'enrayer le mouvement. Très vite, les rapports entre les deux partis se dégradent. En mars 1927, une grève générale éclate à Shanghai, la plus grande ville de Chine. Shanghai, c'est tout un monde : un grand port où travaillent beaucoup d'ouvriers et de dockers chinois, où séjournent des étrangers qui font leurs affaires et mènent grande vie.

Et le 12 avril, Jiang Jieshi et les troupes du Guomindang aidés par la pègre de Shanghai avancent dans la ville et tirent sur les communistes et les syndicalistes. La répression est sanglante. D'autres massacres suivront, notamment à Canton en décembre de la même année. Les nationalistes sont maintenant appelés Blancs et les communistes, Rouges.

SHANGHAI 1927 : LA CONDITION HUMAINE

Li Lisan, militant syndicaliste et communiste, harangue la foule à Shanghaï, l'une des rares villes industrielles chinoises où se côtoient ouvriers, étudiants et étrangers. Li Lisan, qui échappera à la répression de Jiang Jieshi, passera plusieurs années en URSS avant de faire partie des «vingt-huit bolcheviques» qui domineront le PCC et voudront prendre le pouvoir à partir des villes. Leur échec sera total.

❝ – Il faut tuer Chang-Kaï-Shek, dit Tchen.
– Chang-Kaï-Shek ne nous laissera plus aller jusque-là, répondit Kyo. Il ne le peut pas. Il ne se peut maintenir ici qu'en s'appuyant sur les douanes et les contributions de la bourgeoisie, et la bourgeoisie ne paiera pas pour rien : il faudra qu'il lui rende sa monnaie en communistes zigouillés.
– Tout ça, dit Tchen, est parler pour ne rien dire.
– Fous-nous la paix, dit Katow. Tu ne penses pas que tu vas essayer de tuer Chang-Kaï-Shek sans l'accord du Com'té central, ou du moins du dél'gué de l'Intern'tionale ? ❞

André Malraux,
la Condition humaine

La Chine aux Chinois!

Une «bande dessinée» diffusée dans toute la Chine, a été reprise en 1900 dans le magazine français *l'Illustration*. Les Européens ont pu ainsi mesurer la force du nationalisme chinois. L'image parodie une crucifixion : des Chinois sont prosternés devant un porc crucifié (symbole des chrétiens), tandis que, derrière eux, des chrétiens courtisent leur femme.

Les prêtres de Bouddha et de Tao exterminant les démons

Il s'agit d'une exhortation aux fidèles des dieux chinois, pour qu'ils chassent les diables étrangers qui les menacent. Ces diables sont représentés par trois porcs : celui de droite porte l'inscription «missionnaire», celui du milieu «Jésus», celui de gauche, «disciple converti».

Le supplice du porc et de la chèvre

Le porc est un chrétien, la chèvre un étranger. Un mandarin vêtu de rouge préside à l'exécution et ordonne: «Au porc, dix mille flèches, et vous écouterez s'il crie encore. A la chèvre, un bon coup de couteau qui lui tranche la tête, et vous verrez si elle a envie de revenir!»

La déroute des barbares et le massacre des captifs

Un mandarin à cheval est précédé d'un porc et d'une chèvre captifs. Sur les remparts, sont alignées les têtes coupées de porcs, surmontées d'étendards chinois. Le texte dit en commentaire: «le Très Saint Empereur a une place forte où il donne asile à ceux du dedans (les Chinois) et d'où il chasse ceux du dehors (les étrangers).»

La secte des porcs aveuglant les Chinois

Deux étrangers arrachent les yeux à un Chinois couché sur son lit, tandis que deux autres Chinois, déjà rendus aveugles de la même façon, rampent aux pieds des étrangers devenus leurs maîtres. L'image fait allusion à une légende d'après laquelle les missionnaires emploient les yeux des Chinois pour transmuter le plomb en argent, comblant ensuite les orbites vides avec du plâtre.

Les supplices de l'enfer réservés aux chrétiens

Un porc est scié en deux, un autre pilé dans un mortier, sous les yeux de démons à tête de cheval et de bœuf. Derrière la grille, d'autres chrétiens assistent au supplice, en attendant leur tour. Le texte proclame : «Malheur aux convertis! Voici les supplices qui les attendent, eux, leurs femmes, leurs enfants et leurs petits-enfants!»

Extermination des chèvres par tous les tigres

Les tigres représentent bien sûr les patriotes chinois ; les chèvres, la tête coloriée en vert comme dans toutes les caricatures de ce genre, ce sont les étrangers... « Lutter contre un tigre est difficile, mais quand tous les tigres s'élancent à la fois, qui oserait braver le torrent révolutionnaire ? », dit le texte.

Pour fêter la naissance d'un enfant, sacrifiez un porc et une chèvre

Tous les événements de la vie de famille peuvent être ainsi fêtés par les Chinois. Le sacrifice a lieu à l'extérieur de la maison, la famille, avec le nouveau-né, y assiste. « Quand l'enfant aura trois jours, nous les tuerons ; quand l'enfant aura un an, nous les mangerons », tel est le programme.

Rendez aux porcs ce qui vient des chèvres

Des étrangers, vêtus à l'européenne et coiffés de vert, comme toujours, viennent offrir une chèvre à la porte d'un temple dédié à Confucius. Leurs présents sont repoussés avec mépris, car, dit le texte, «les disciples de Confucius ne veulent rien apprendre des chrétiens».

Les pirates étrangers mis en déroute par l'éventail sacré

L'image fait allusion à une légende des premiers siècles de notre ère, qui rapporte qu'un ministre de l'empereur mit en déroute une flotte ennemie après avoir réussi à obtenir, par ses prières, un vent favorable. Le grand patriote est monté sur une jonque de guerre et brandit l'éventail qui attise l'incendie sur le vaisseau des barbares occidentaux: celui-ci est détruit, et les pirates meurent tous dans les flammes.

A bas les étrangers, au feu leurs livres!

Les Chinois assomment des étrangers à coups de bâton et procèdent à un autodafé de livres que les patriotes contemplent en se bouchant le nez, car «les livres étrangers empoisonnent: la religion dépravée qu'ils enseignent prêche le mépris des traditions, des ancêtres et des sages, de Bouddha et des génies».

Soumission générale des porcs et des chèvres

Au centre, un animal fabuleux, le kilin, roi des quadrupèdes. Devant lui, des porcs et des chèvres s'inclinent: ce sont les étrangers et les chrétiens qui ont reconnu la suprématie de la Chine et se prosternent devant sa gloire. Tous les autres, les réfractaires ou les chrétiens incorrigibles, ont été exterminés.

Jiang Jieshi a changé de camp.
Les communistes doivent entrer dans la clandestinité. Les uns continuent le combat dans les villes, les autres se réfugient dans les montagnes de l'Ouest et du Sud. C'est ce que font Mao Zedong et ses compagnons après le soulèvement de la «récolte d'automne». Communistes, militants syndicaux, anciens soldats du Guomindang, paysans et même vagabonds se regroupent autour de Mao.

CHAPITRE II
BLANCS ET ROUGES : LA GUERRE COMMENCE

Deux images pour une légende. D'une part, les monts Jinggang au Jiangxi, où les communistes chassés des villes inventent de nouvelles formes de lutte. D'autre part, un Mao bon enfant, toujours méditatif, gros fumeur, qui nous paraît éloigné du stratège politique et militaire, du redoutable homme d'appareil. Ici, le poète.

Ils créent une première base, un soviet (c'était le nom donné par les révolutionnaires russes à leur organisation de base), dans les montagnes Jinggang au cœur de forêts de sapins, de pins et de bambous, dans le sud-est de la Chine. Au début de 1928, une autre troupe les rejoint, dirigée par le général Zhu De (Chu Teh) qui deviendra le père de l'armée Rouge. Zhu De et Mao Zedong vont devenir à ce point inséparables que leur armée s'appellera longtemps l'armée Zhu-Mao.

Commence alors l'apprentissage de cette troupe de quelques milliers d'ouvriers, de mineurs, de paysans et aussi de mendiants, de vagabonds

Il faut les instruire. Il faut les former politiquement, leur dire ce qu'est la révolution. Mao et Zhu inventent des comités de soldats qui promulguent des règlements très durs : la peine de mort pour ceux qui pactisent avec l'ennemi, pour les assassins, les violeurs, les déserteurs en armes. La peine de mort aussi pour ceux qui refusent d'obéir sous le feu, ceux qui trahissent des secrets militaires et ceux qui pillent des pauvres. On doit rendre l'herbe et le foin empruntés aux paysans, laisser les maisons en ordre, régler les dommages, ne manger que ce qui est indispensable. On ne doit jamais fumer, jamais boire de vin, jamais jouer.

Mao parle de la révolution russe, il parle des masses prolétariennes d'Europe. Il apprend aux futurs combattants de l'armée Rouge les noms de Marx, que l'on prononce Makesi, et de Lénine, Liening. Il décide de constituer une armée Rouge...

Il faut aussi mener une réforme agraire qui vise à mieux répartir la terre entre les paysans qui habitent la région. Il faut enfin nourrir et armer cette première armée Rouge au moment même où les nationalistes commencent le blocus des monts Jinggang.

Les communistes vont s'installer dans d'autres montagnes, celles du Jiangxi. Ils occupent bientôt un territoire grand comme une province française

A vrai dire, tous les communistes de Chine n'ont pas rejoint les zones montagneuses du sud-est du pays. Nombre d'entre eux tentent de lutter dans les villes en appliquant des recettes venues d'Europe inspirées par Marx et Lénine.

OUVRIERS ET PAYSANS, TOUS AU COMBAT

Ouvriers et paysans, en cette époque charnière des années 1927-1934, donnent les premières démonstrations de leur force politique. A la tête d'un mouvement de grève dans les mines de Anxang, en 1927, on reconnaît Liu Shaoqi, le futur président de la République, qui joua effectivement un rôle important dans le mouvement ouvrier chinois. Dans le même temps, des groupes de paysans combattants de l'armée Rouge, drapeau rouge au vent, semblent démontrer que l'avenir leur appartient.
Ces deux illustrations, dans le style réaliste révolutionnaire, sont influencées par l'art officiel soviétique de l'époque, avec une touche de couleur locale.
La Chine va, à son tour, produire en quantité ce type d'images, tirées à des milliers d'exemplaires, qui glorifient tous les épisodes et
les héros de son histoire révolutionnaire.

La vie des paysans : le travail des champs

Ces photos prises par un Français, Stéphane Passet, datent toutes de 1912-1913. C'est le moment où le vieil Empire du Milieu devient république. Ce changement historique fondamental ne modifiera guère la vie rurale. Il faudra attendre ce qu'on appelle la Libération – 1949 – pour voir changer les mentalités et l'organisation des paysans. Quant à leur niveau de vie, il ne s'élèvera vraiment… qu'à partir du début des années 80 !
On voit ici – fait assez rare à l'époque – un attelage de mulets au moment des semences : le plus souvent les paysans tiraient eux-mêmes la charrue plutôt que d'avoir à nourrir un animal. Cette pratique se perpétue encore dans certaines régions.

La vie des paysans : la maison

Cette habitation typique de la région du mont Taishan, dans l'est de la Chine, est faite d'une toiture de roseau qui s'appuie sur des colonnes et des murs de pierre. Sauf dans les régions montagneuses comme ici, la pierre et le bois sont des matériaux rares. Ailleurs les maisons sont en torchis : entre les poutres verticales qui soutiennent la charpente, on élève des murs de terre argileuse grasse malaxée avec de la paille. Les fenêtres sont petites et hautes.

La vie des paysans : la famille

Ce groupe de femmes et d'enfants posant dans la cour de leur maison appartient à la frange aisée de la paysannerie. Vêtements traditionnels pour tous, pieds bandés pour les deux femmes. Cette coutume dont l'origine est probablement esthétique leur évitait peut-être les plus pénibles travaux des champs mais ne les dispensait pas des tâches ménagères. Les pieds bandés mettaient les Chinoises dans un état de dépendance totale : le moindre déplacement était une souffrance. Cette tradition s'est prolongée jusqu'en 1949.

La vie des paysans : le village

Ce document montre bien la vie quotidienne d'un village dans la région du Taishan. On aperçoit des hommes qui portent toujours la natte, obligatoire sous la dernière dynastie, celle des Mandchous. C'est le signe que ce village est encore très loin de l'histoire en marche. Le clivage entre la ville et la campagne a toujours été très marqué. Un signe pourtant de modernité : le canotier porté par l'un des villageois. On aperçoit au fond plusieurs pousse-pousse qui servent à convoyer les riches pèlerins venus se recueillir sur le Taishan, l'une des montagnes sacrées les plus réputées.

Ils estiment que c'est le prolétariat des villes qui doit prendre le pouvoir, non les paysans jugés trop arriérés. Mais leurs tentatives de soulèvement échouent régulièrement. Après la Commune de Canton noyée dans le sang à la fin de 1927, ils demandent à leurs camarades des campagnes de venir les aider à prendre Changsha, la capitale du Hunan. Ils en sont chassés par les nationalistes du Guomindang qui sont maintenant alliés avec les Américains, les Britanniques, les Italiens... et les Japonais.

Mao et Zhu De, malgré les ordres des dirigeants du PCC, refusent de prendre une nouvelle fois la ville de Changsha. Ils préfèrent se retourner avec leur armée contre les nationalistes, qui se sont installés à Nanjing, d'où Jiang Jieshi, leur général, a décidé de mener une campagne d'extermination. Il envoie plus de 100 000 hommes contre les communistes. En face, ces derniers ne comptent que 40 000 combattants. Et tous ne possèdent pas de fusils ; la plupart marchent pieds nus. Pourtant cette première campagne tourne vite à leur avantage ! Tout d'abord, les

Mao héros : le mythe se construit.
La composition de l'affiche met en valeur Mao Zedong, grand, hiératique, mi-jeune premier vêtu élégamment, mais simplement, mi-apôtre dominant les siens, entouré par le peuple en armes, hommes et femmes confondus, protégé sur ses flancs par l'armée Rouge dont l'étoile jaillit aux avant-postes.

ZHU-MAO, DEUX CHEFS POUR L'ARMÉE ROUGE 45

communistes connaissent bien le terrain et ils peuvent compter sur la complicité de la population. De plus, leur formation a porté ses fruits : les Rouges croient à la révolution. Enfin et surtout, ils suivent les directives de Mao Zedong qui met au point une tactique inspirée d'un livre écrit par un philosophe chinois deux mille cinq cents ans plus tôt : *l'Art de la guerre* de Sunzi (Sun-Tse).

Aux côtés de Mao, Zhu De. Le fameux couple Zhu-Mao est souvent pris par les journalistes pour un seul homme, dangereux entre tous.

Grâce à la tactique de guérilla mise en place par Mao, les communistes sont gagnants

La guerre des partisans ou «technique du filet de pêche» amène la victoire aux communistes. En voici les principes définis par Mao : «Disperser les forces pour soulever les masses, concentrer les forces pour faire face à l'ennemi.» «L'ennemi avance, nous reculons ; l'ennemi s'immobilise, nous le harcelons ; l'ennemi s'épuise, nous le frappons ; l'ennemi recule, nous le pourchassons.» «Pour créer des bases révolutionnaires stables, il faut recourir à la tactique de la progression par vagues. Au cas où l'on est talonné par

46 BLANCS ET ROUGES : LA GUERRE COMMENCE

Zhu De, que l'on voit ici haranguer ses troupes, a une vie en forme de roman. La légende veut qu'il commence sa carrière comme seigneur de la guerre – dans le Sichuan – et comme opiomane. Il participe à la révolution de 1911, séjourne dans les années 20 à Paris et à Berlin, rencontre Zhou Enlai et se rallie aux communistes. Comme Mao, il rejoint le maquis après 1927, organise l'armée Rouge dont il prend la direction en 1931. C'est l'autre tête du fameux personnage Zhu-Mao qui fait peur aux armées blanches lors des 5 campagnes d'extermination qui vont se succéder jusqu'en 1934. Parmi tous les leaders du PCC, Zhu De, proche de ses hommes, partageant leur ordinaire, est l'un des plus aimés.

JIANG JIESHI A LA TÊTE DES CAMPAGNES D'EXTERMINATION

un ennemi puissant, il faut adopter la tactique qui consiste à tourner en rond.»

La victoire contre Jiang Jieshi est totale. Les communistes récupèrent une grande quantité de matériel de guerre. Ils enrôlent dans leurs rangs les prisonniers qui ont accepté de recevoir une instruction politique.
Les autres peuvent rejoindre le territoire nationaliste.
On leur donne même un peu d'argent.

En mai 1931, nouvelle campagne : 200 000 nationalistes appuyés par l'aviation participent à l'offensive

Cette fois encore, les Rouges déjouent les plans des Blancs qui progressent vers le Jiangxi. Aidés par les paysans, ils s'infiltrent dans les rangs adverses, attaquent les arrières et raflent des vivres et des armes avant de compromettre cette nouvelle campagne d'extermination. Zhu De se souvient :

«Chantant et criant leurs slogans au milieu des combats, nos hommes avançaient en un torrent impétueux qui renversait tout sur son passage. Profitant de ce que les pluies ne permettaient pas les bombardements, nous poussions les soldats ennemis vers les rizières inondées et les sortions tout couverts de boue. Ils portaient l'uniforme des troupes du Guomindang, avec des guêtres, des chaussures et des sandales, tandis que nos hommes marchaient pieds nus et n'avaient qu'un short mince et une veste. Je crois que j'avais des sandales mais je n'en suis pas sûr. Mao et moi étions habillés comme nos hommes. Je me rappelle les lourds ballots des soldats ennemis, pleins de butin glané dans nos villages.

«En un point où l'ennemi s'était avancé assez loin en territoire soviétique, nous trouvâmes des villages réduits en cendres. Les corps des civils étaient restés à l'endroit où ils avaient été abattus et décapités. Il y avait parmi eux des enfants et des vieillards. Des femmes gisaient sur le sol, à l'endroit où elles avaient été violées, avant ou après qu'elles eurent été tuées.

«Quand nos hommes eurent vu ce spectacle, il ne fut plus possible de les arracher du champ de bataille tant qu'ils n'étaient pas grièvement blessés. Jour et nuit retentissait dans nos rangs ce chant farouche :

> *Ne craignons pas la pluie des balles,*
> *Ni la forêt des fusils ennemis !*
> *Avançons ! Tuons !»*

Jiang Jieshi, surnommé «le généralissime», après avoir tourné casaque en 1927, devient président de la République.
Il tient sa légitimité de son sens des alliances et des complots, de ses appuis – on le sait très lié aux sociétés secrètes et à la maffia chinoise –, de ses relations avec les pays occidentaux (Allemagne, puis États-Unis) et du fait que son épouse est l'une des filles du D\u1d63 Sun Yixian.

Pour la troisième campagne, Jiang Jieshi en personne s'avance avec 300 000 soldats

Une formidable partie de cache-cache s'engage. Le 13 septembre 1931, le généralissime prend la petite capitale des communistes, Ruijin. Mais les Blancs se retirent sans raison apparente. A vrai dire, un événement capital vient de survenir : le 18 septembre, les Japonais ont commencé leur invasion par la Mandchourie, dans le nord-est du territoire chinois, une région aux richesses inestimables. Jiang Jieshi n'ose contre-attaquer malgré la colère des patriotes chinois. Après un temps d'hésitation, faute de combattre l'ennemi de l'extérieur, il se retourne une nouvelle fois contre celui de l'intérieur. La quatrième campagne d'anéantissement s'ouvre en avril.

Bien équipés, dotés d'uniformes, de chaussures, armés de fusils et de canons, les soldats nationalistes ne constituent pourtant pas une armée performante. L'armée Rouge saura profiter de leur maladresse, notamment pour récupérer des armes.

LES TROUPES NATIONALISTES   49

Jusqu'alors, la direction des Rouges se trouvait dans les grandes villes, près du prolétariat et non dans les soviets des campagnes. Les leaders du PCC suivaient les directives venues de Moscou. Mais, en 1931, la répression contre les révolutionnaires des villes s'accentue et la plupart des dirigeants quittent les grandes cités industrielles du centre de la Chine pour rejoindre les maquis.

Fang Yuxiang, l'un des chefs de l'armée nationaliste, appartient à cette race de généraux-seigneurs de la guerre qui font de la Chine, au gré des alliances, un champ de batailles continuelles et un territoire toujours morcelé, affaibli par l'invasion japonaise et les actions des communistes. Surnommé «le général chrétien», il fit un jour baptiser collectivement ses troupes, en les arrosant à la pompe à incendie!

Dans la région du Jiangxi, les Rouges fondent la première république soviétique

Mao Zedong est élu président du gouvernement provisoire. Pourtant, son rôle au sein du PCC reste encore secondaire. Vingt-huit jeunes dirigeants formés à Moscou et surnommés ironiquement les «vingt-huit bolcheviques» viennent d'arriver : l'un deux s'appelle Zhou Enlai (Chou En-laï). Il fera parler de lui !

Ce fils de mandarin à la silhouette élégante, aux sourcils broussailleux est de tous les combats ; il a organisé à Tianjin le Mouvement du 4 mai 1919 (un mouvement très important que l'on a appelé la première révolution culturelle) ; il a organisé l'insurrection de Shanghai en mars 1927 ; il est aux premiers rangs de l'insurrection de Nanchang à la fin de la même année.

Il est venu en France au début des années 20 et a fondé la section française du PCC ; un peu plus tard, il devient commissaire politique de la célèbre Académie militaire de Huangpu (Whampoa) dont le directeur n'est autre que Jiang Jieshi, à l'époque du premier front uni entre nationalistes et communistes.

Diplomate hors pair, le voici remplaçant Mao Zedong lors de la quatrième campagne d'anéantissement avant de redevenir son allié au cours de la Longue Marche.

Car Mao, en 1931, perd très vite le pouvoir qu'il avait au Jiangxi. Les nouveaux venus lui reprochent deux erreurs à leurs yeux fondamentales. L'une concerne la politique agraire : pour eux la réforme mise en route fait le jeu des paysans riches. En fait, Mao Zedong a pris intelligemment la mesure du terrain où les communistes se sont implantés : dans une région où les mentalités sont encore très arriérées, il a choisi la réforme agraire, non la révolution. Le second reproche porte sur la ligne militaire : les ving-huit bolcheviques jugent sa stratégie désuète et archaïque. Ils se moquent de cette guerre de partisans, de ce «guérillaïsme». Fini la partie de cache-cache, fini les attaques surprises, fini les subterfuges qui avaient donné aux Rouges la victoire dans les trois premières campagnes. Les effectifs de l'armée Rouge ont, il est vrai, considérablement augmenté. On compte près de 200 000 hommes en 1933 et presque autant de fusils. Les communistes sont désormais en possession d'un matériel lourd, de canons, d'obus ; ils peuvent utiliser les «beaux

Né dans une famille de lettrés, Zhou Enlai passe deux ans au Japon comme étudiant et participe en Chine au Mouvement du 4 mai 1919. Il est arrêté, emprisonné puis libéré. Zhou organise les grèves et les manifestations de Shanghai en mars 1927. Il se rend à Moscou où il devient membre du bureau politique. Ayant rejoint Shanghai, il y joue un rôle important aux côtés des vingt-huit bolcheviques, et contre Mao Zedong. Finalement, il se rangera à ses côtés en janvier 1935, pendant la Longue Marche, non sans avoir fait son autocritique.

AU SEIN DES ROUGES, LA LUTTE POUR LE POUVOIR

M ilitant révolutionnaire allemand, Otto Braun participe aux insurrections européennes du début des années 20. Emprisonné, il s'évade en 1928. Il se réfugie à Moscou, puis est envoyé en Chine par l'Internationale communiste pour conseiller les vingt-huit bolcheviques qui dirigent alors le PCC. Il est, semble-t-il, le seul étranger à avoir effectué la Longue Marche. Adversaire de Mao, il devra, comme ses alliés politiques, se ranger aux avis de celui-ci.

postes émetteurs» pris à l'ennemi. Il ne leur manque presque que l'aviation. En outre, si les Blancs sont conseillés depuis peu par des militaires allemands, les généraux von Seeckt et le célèbre stratège Falkausen, eux-mêmes ont dans leurs rangs un envoyé de l'Internationale communiste, un Allemand lui aussi, Otto Braun, alias Li De, alias Hua Fu.

Critiqué, mis en minorité, Mao Zedong ne participe plus, à l'époque, aux grandes décisions prises par les autres dirigeants. Souffrant de la malaria, il s'est éloigné de la capitale soviétique, Ruijin, tout en suivant de près la suite des opérations. Et les opérations se déroulent très mal : si la quatrième campagne dirigée par les vingt-huit

D ans ce groupe, on reconnaît au premier plan, à gauche Zhu De, et à droite Mao avec une ordonnance, dans son rôle de commandement. Debout à gauche, Po ku, l'intellectuel, l'un des vingt-huit bolcheviques, de retour de Moscou. Au fond, Otto Braun.

bolcheviques, Zhou Enlai et Otto Braun, est une nouvelle victoire contre les nationalistes, la cinquième campagne s'annonce très difficile.

Conscient du danger et décidé à en finir une bonne fois avec le cancer rouge, Jiang Jieshi engage un million d'hommes dans la cinquième campagne

500 000 soldats et presque autant de coolies, sans compter les 2 400 espions qui ont pour mission de s'infiltrer en territoire soviétique! Nous sommes en 1933. La quatrième campagne vient tout juste de se terminer et déjà les 400 avions modernes de l'armée nationaliste commencent à bombarder la région. Si jusqu'à présent ce n'était qu'une guérilla, cela devient une véritable guerre de position dont vont souffrir les populations civiles prises entre deux feux et les communistes eux-mêmes piégés dans un gigantesque filet. Suivant les indications des conseillers allemands, les Blancs progressent en faisant construire de force par les paysans de véritables blockhaus et en posant des kilomètres de fils de fer barbelés autour de la base.

Les encerclés manquent bientôt de provisions, de sel surtout. L'énorme machine nationaliste, soutenue par l'aviation, balaie toute résistance sur son chemin. Au printemps 1934, les conditions de vie deviennent dramatiques. Il n'existe plus qu'une solution : partir, s'échapper. Mao s'en souvient : «Les dirigeants étaient terrorisés par l'adversaire comme par un tigre, ils établissaient partout des défenses et lui résistaient pied à pied ; ils n'osaient pas lancer une offensive frappant les arrières de l'ennemi, ce qui aurait été profitable, et n'osaient pas non plus attirer les forces adverses loin dans l'intérieur de nos bases afin de les anéantir. Finalement, toute la base fut perdue et l'armée Rouge fut obligée d'effectuer la Longue Marche de 12 000 kilomètres.»

En fait, plusieurs tentatives de forcer le blocus sont menées au printemps et pendant l'été 1934. Une première armée fait diversion et réussit à passer au nord-est du Jiangxi. C'est l'avant-garde anti-japonaise commandée par Fang Zhimin. Le second mouvement permet à d'autres troupes de rejoindre un autre soviet commandé par le général He Lang. Enfin un troisième groupe quitte une autre province, le Hubei, pour s'installer au Shanxi où les rescapés de la Longue Marche arriveront à la fin de 1935.

LA FUITE EN AVANT

Le 18 octobre 1934, Mao et ses troupes entament lentement la Longue Marche. Mémorable journée dans l'histoire de la Révolution chinoise ! Chen Changfeng, le jeune garçon qui sert d'ordonnance au président Mao, la raconte : «C'est ce jour-là, vers cinq heures de l'après-midi, que le président et les vingt et quelques camarades que nous étions firent leurs adieux à nos cantonnements de Yutu...»

CHAPITRE III
LE GRAND DÉPART

Ascension symbolique, mais aussi vrai quotidien des Rouges confrontés à la nature et qui en subissent les pires atteintes : la pluie, le froid, sans parler des bombardements des Blancs. Rude épreuve, grande école. Et tous sont logés à la même enseigne, des «petits diables» comme Chen Changfeng aux chefs comme Mao.

56 LE GRAND DÉPART

«Passée la porte nord de Yutu, une large rivière s'offrit à nos yeux sur notre gauche. Nous remontâmes la vallée. Près de nous, une eau bouillonnante roulait une écume jaunâtre en faisant tourner sa voix puissante, tel le souffle d'un cor gigantesque qui accompagnerait notre marche. Le soleil s'était couché. Un vent frais soufflait par rafales, annonçant que la nuit serait froide. Le président était sans manteau, il ne portait que l'uniforme de toile grise et la casquette octogonale des combattants

Il existe très peu de documents photos sur la Longue Marche. Cela tient à la difficulté du parcours, mais surtout au fait que les communistes sont considérés comme des marginaux par la presse chinoise et occidentale. Les journalistes se préoccupent plus des relations tumultueuses avec le Japon que des «bandits rouges».

L'ARMÉE ROUGE QUITTE LE JIANGXI

Dans l'un des plus beaux paysages de la Chine du Sud, le Jiangxi, les Rouges font une étape pour profiter de l'eau, se laver, se rafraîchir. Pas de véhicules de transport : tous sont surchargés. Il faut imaginer que cette file indienne mesure des centaines et des centaines de mètres, même si la traversée du blocus a déjà considérablement éclairci les rangs. Étrange procession d'hommes et de femmes déracinés qui ne connaissent même pas leur destination...

de l'armée Rouge. Il avançait à grands pas, ouvrant la marche de notre petite formation. Après avoir parcouru une vingtaine de *li,* (1 *li* = 0,5 km env.) nous entendîmes soudain devant nous des bruits de voix confuses tandis que des lueurs indistinctes se mouvaient dans la nuit. Zhong Fushang et moi, qui ne savions pas trop à quoi nous allions faire face, étions perplexes.

– Ce sont nos hommes ! dit le Président.

Les nôtres ! Mais en quittant Yutu, nous n'avions pas rencontré un seul de nos soldats, m'étonnai-je, et d'où avait donc pu surgir tant de troupes ?

Arrivés à proximité, nous pûmes voir la mer humaine des combattants de l'armée Rouge s'étendant des deux côtés de la rivière, illuminée çà et là par d'innombrables torches se mouvant, telles des milliers et des milliers de ces gigantesques lumignons en forme de dragon que les paysans font onduler le jour du nouvel an. Les chants et les rires se fondaient au milieu des cris d'appel des différentes unités qui prenaient contact. Et sur la longue passerelle, construite sur des pontons, qui enjambait la rivière, le flux interminable des troupes ne cessait de s'écouler.

– Président, m'écriai-je enthousiasmé, est-il vrai que nous ayons tant de troupes !

– Est-ce beaucoup ça ? me répondit-il tout doucement en souriant. Eh bien, il y en a beaucoup plus devant ! »

L e large sourire de ce combattant – probablement un paysan des premières bases rouges situées aux confins du Hunan, la province natale de Mao, et du Jiangxi – ne doit pas faire oublier les conditions matérielles extrêmement difficiles faites aux Rouges, en particulier le poids du chargement, qui paraît démesuré.

Qui part ? De 100 000 à 120 000 personnes, c'est-à-dire le gros des troupes communistes, la plupart des dirigeants et une trentaine de femmes, ainsi qu'une bande d'orphelins, les « petits diables »

Beaucoup quittent la région où ils sont nés, le Jiangxi, et dont ils ne sont jamais sortis. Ils quittent aussi les paysans qui les ont aidés et qui vont subir la terrible répression des armées blanches.

Des dizaines, voire des centaines de milliers de personnes seront massacrées par les Blancs, des femmes et des filles seront vendues au prix de cinq dollars l'une aux soldats et aux officiers du Guomindang.

Comment les hommes sont-ils équipés? L'un des marcheurs les décrit : «Chaque homme emportait cinq livres de riz. Aux extrémités de sa palanche pendaient soit deux petites caisses de munitions ou de grenades, soit deux gros bidons de pétrole contenant les pièces des machines et les outils les plus importants. Son paquetage comprenait une couverture ou une courtepointe, un uniforme matelassé pour l'hiver et trois paires de chaussures de toile à grosse semelle de corde, ferrées au bout et au talon. Les paysans nous avaient offert toutes sortes de choses, parmi lesquelles des légumes séchés et des piments. Pour boire et manger, chaque homme avait son quart et sa paire de baguettes passées dans ses bandes molletières. Il emportait du fil et une aiguille piquée sous la visière de sa casquette. Tous portaient un grand chapeau qui protégeait à la fois du soleil et de la pluie. Il était constitué de deux fines feuilles de bambou séparées par du papier huilé. Beaucoup avaient un parapluie de papier qui dépassait de leur sac. Tout le monde avait un fusil. Ceux qui partaient étaient tous vêtus de la même façon.»

Ces hommes traqués, très vite harassés, et rapidement en contact avec des populations différentes dont ils ne comprennent ni les coutumes, ni la langue, continuent pourtant leur marche hasardeuse... C'est qu'en quelques années les communistes ont su mener à bien un travail d'éducation politique, et entraîner la conviction de ces paysans, qui n'ont rien à perdre. Il faut aussi se souvenir que les révoltes ont de tout temps marqué l'histoire de la Chine. Avec leur lot de migrations et d'embuscades. Au demeurant, tous ne suivent pas, certains s'égayent dans les campagnes...

Au début la marche s'effectue de nuit pour éviter les bombardements et déjouer les attaques ennemies

Chacun se souvient à sa manière. Pour les uns, la Longue Marche commence comme une superbe retraite aux flambeaux. Un des participants raconte : « La marche de nuit est une chose merveilleuse par clair de lune quand souffle une brise légère. Lorsque nous étions loin de l'ennemi, des compagnies chantaient et d'autres leur répondaient. Quand il faisait nuit noire, nous confectionnions des torches avec des branches de pin ou de bambou. C'était alors un spectacle grandiose que cette longue colonne lumineuse qui serpentait dans la montagne tel un fantastique dragon. »

Pour d'autres, ce début ressemble plutôt à un véritable cauchemar : « Nous pataugions à la queue leu leu dans la terre jaune, la boue spongieuse de lœss argileux. Si on tombait dans la boue, il fallait s'empêcher de crier, de jurer. Personne ne pipait mot. On attachait des carrés d'étoffe blanche à son sac, afin que les camarades qui suivaient voient celui qui marchait devant eux. Pour jalonner la route, les avant-gardes semaient des bouts de chiffons ou des pierres blanches. Il ne fallait pas tomber de fatigue dans le fossé : personne ne s'en serait aperçu dans les nuits sans lune. Les malades et les blessés s'enfonçaient un mouchoir dans la bouche pour ne pas crier quand les brancardiers les secouaient en faisant un faux pas. Dès l'aube, on se planquait dans les villages, avant que les avions ennemis recommencent à rôder au-dessus de nos têtes. On n'avait qu'une envie : dormir. » Mais voilà : il est pratiquement impossible de dormir. Non seulement il faut se cacher, mais il faut avancer à tout prix.

Les journaux muraux ont une fonction considérable tout au long de la Longue Marche. La langue écrite, qui est la même sur tout le territoire chinois, permet de communiquer dans un pays où les dialectes se comptent par dizaines, empêchant des groupes différents de se comprendre. Diffusées auprès des populations traversées, affichées à la hâte, ces proclamations sont le meilleur outil de propagande et stimulent le moral des troupes.

Une idée obsède les dirigeants de l'armée Rouge : rejoindre d'autres troupes situées plus au nord

Mais les généraux du Guomindang ont compris la manœuvre et les Rouges se heurtent à un véritable mur. Les autres difficultés à surmonter sont bien entendu les obstacles naturels : les montagnes et les fleuves. Un combattant donne un bon exemple de cette panique : « Vers 9 heures du soir, dans l'obscurité la plus totale, nous terminions une marche de cinquante ou soixante *li* et nous nous apprêtions à donner à manger aux hommes. Cela faisait déjà vingt-quatre heures que nous n'avions pas pris de nourriture. A peine étions-nous arrêtés qu'on nous transmit depuis l'avant: "L'adversaire avance rapidement vers la rivière Xiang vers le lieu de passage de nos troupes!" Nous étions encore à ce moment-là à quatre-vingt-dix *li* de la rivière. Il fallut oublier tout ce qu'on avait fait ce jour-là, oublier qu'après un combat de douze heures nous avions parcouru cinquante à soixante *li*, oublier que depuis vingt-quatre heures nous ne nous étions rien mis sous la dent; et pour assurer le succès de la traversée, nous nous hâtâmes vers la rivière. Nous jetâmes tout ce qui était superflu, ne gardant sur nous que les armes, les cartouches, les grenades, ne pensant qu'à une chose: la rivière Xiang devait être forcée coûte que coûte.»

Le «superflu», c'était tout le matériel emporté par les Rouges. Au départ, la Longue Marche a tout l'air d'un

déménagement: on transporte des dizaines de caisses de livres, des machines à coudre, du matériel d'imprimerie, de vieux canons inutilisables, des planches à fabriquer des billets de banque... Plus de 5 000 hommes portent toutes ces pièces. Inutile de dire qu'ils retardent considérablement la progression de l'armée Rouge. Petit à petit, les porteurs se délestent plus ou moins discrètement de leurs charges. L'un d'entre eux raconte: «Au détour d'une haie, des deux côtés de la route, nous découvrîmes dans les premiers rayons du soleil levant des amas de livres. A même la terre gisaient traités de guerre et littérature politique! Quelques ouvrages traînaient là, intacts; d'autres étaient déchirés; bien souvent il ne restait

Si, au bout de quelque temps, chaque combattant a un fusil, c'est bien parce que l'armée Rouge est passée reine dans l'art de récupérer le matériel ennemi. L'histoire des relations entre le Guomindang et le PCC pourrait s'écrire à l'aide des armements subtilisés aux armées de Jiang Jieshi: des armes à feu les plus sommaires datant de la fin des années 1920 à l'artillerie lourde des années 1940. L'armée Rouge, selon un mot de Zhou Enlai, se comporte comme un poisson dans l'eau...

que quelques pages. Les feuilles arrachées se trouvaient dispersées aux alentours, quelques livres avaient déjà été brûlés. »

D'abord, c'est l'hécatombe ; les retards de l'arrière-garde sont énormes, les pertes en hommes nombreuses

Deux mois à peine après le départ, il semble bien que l'armée Rouge ait perdu la moitié de ses effectifs. Liu Bocheng, le général borgne, va plus loin : il affirme qu'à la fin de 1934, les marcheurs n'étaient plus que 30 000 ! 70 000 ou 80 000 ont donc disparu en peu de temps.

Il faut dire que les Rouges ont dû franchir plusieurs lignes de blocus. Les bombardements de l'aviation ennemie, les attaques incessantes de l'armée de terre obligent souvent les marcheurs à fuir dans tous les sens. On ne compte plus les morts, les blessés laissés sur place, les traînards et même les déserteurs qui préfèrent s'en retourner dans leur province ou se cacher chez des paysans en attendant des jours meilleurs.

Le général Luo Binghui lui-même manque bien y laisser sa peau. Il raconte : « C'est à Yanshou, dans le Hunan, que je connaîtrai personnellement la situation la plus périlleuse. L'itinéraire mène alors à un défilé étroit pris entre deux montagnes. Je me trouve à l'arrière avec quatre régiments. Le reste de l'armée a déjà franchi la passe, mais, au moment même où mes troupes arrivent, les troupes du Guomindang nous rattrapent, s'emparent d'une montagne et montent une attaque surprise en nous coupant la route. Nous sommes en très mauvaise posture, mais nous combattons comme des tigres et reprenons la montagne. Nous devons, six camarades et moi, nous battre à l'aide de nos Mauser. Nous échappons de peu à la capture. »

Mao Zedong, qui se trouve toujours écarté du pouvoir, ne se gêne pas pour critiquer la méthode employée pour faire avancer les troupes. Pour lui, plusieurs erreurs ont été commises. Tout d'abord, on a tort d'avancer en ligne droite car l'ennemi prévoit tous les mouvements. Une fois, pour franchir quatre kilomètres, les combats durent trois jours ! L'armée Rouge se révèle d'autre part incapable de contre-attaquer quand c'est possible. Enfin, le « déménagement » n'arrange rien.

Ce sont les Chinois, et non Gutenberg, qui inventèrent l'imprimerie. Le PCC, avec son sens de la propagande, saura rentabiliser les presses. Il faudra pourtant, aussi, les abandonner. Trop lourdes. Dès lors, comment semer la bonne parole ? Par le contact direct. Par une sorte de corps à corps avec tous ces Chinois marginaux – au sens géographique du terme – rencontrés au hasard de la route.

LES PETITS DIABLES, DES ENFANTS SOLDATS 63

Des visages graves et fermés : ceux de deux gamins apparemment conscients de l'importance de leur mission. Surnommés les «petits diables», ils surgissent à tout moment et savent se rendre utiles, eux les laissés-pour-compte d'une Chine chaotique. Et le regard de Luo Binghui, un des stratèges les plus rusés de l'armée Rouge.

❝Dans les rafales du vent d'octobre,
L'armée Rouge centrale commença la Longue Marche.
Sous le ciel étoilé,
elle traversa Yutu
Et vainquit à Kupu et Xintian.
En novembre, elle occupa Yichang, Lingwu, Lanshan et Taozhou.
La seconde ligne du blocus ennemi était brisée.
He Jian, ce chien, prit peur.
En décembre, nous traversâmes la rivière Xiang,
Faisant trembler les seigneurs du Jiangxi.
Trois lignes ennemies furent brisées
Comme le bambou qui se fend.❞
Chant de la Longue Marche

A Liping, petite ville aux limites des provinces du Guangxi, du Guizhou et du Hunan, Mao Zedong et ses amis prennent en fait la direction des opérations. La grande réunion viendra un peu plus tard, à Zunyi, en janvier 1935. Pour l'heure, nous sommes en décembre 1934. Moment historique, choix décisifs.

L'armée Rouge change de direction, s'en va vers l'ouest, vers la province du Guizhou où personne ne l'attend et remporte tout de suite quelques victoires bien utiles au moral des troupes. On abandonne la ligne droite. On contre-attaque. On jette dans une rivière le matériel d'imprimerie, les livres, les machines à coudre et les vieux canons.

64 LE GRAND DÉPART

**Début 1935, la Longue Marche change de visage :
commence alors une tout autre Longue Marche,
faite d'exploits et d'héroïsme**

Premier exploit, le passage d'un fleuve, le Wujiang. Un témoin raconte : «Le 3 janvier 1935, à 9 heures du matin, la traversée recommença.
A l'embarcadère, une partie de nos troupes refit un simulacre d'attaque. Cinq cents mètres en amont, sous le couvert d'un violent feu d'artillerie, trois radeaux portant une vingtaine de nos hommes s'avancèrent vers la rive nord. L'ennemi tirait sur les radeaux mais notre artillerie ripostait si violemment qu'il ne pouvait ajuster son tir.

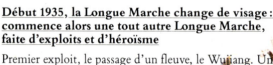

«Les radeaux parvinrent sans encombre jusqu'au milieu de la rivière. Trois fois, la

PASSER TOUS LES FLEUVES, MAIS A QUEL PRIX ! 65

godille du même passeur fut brisée par des balles ennemies, mais cela n'empêcha pas le camarade de faire quand même avancer son embarcation. Au moment même où, sous un feu violent, nos trois radeaux allaient toucher la rive, comme notre deuxième équipe de radeaux s'apprêtait à traverser, plusieurs de nos hommes surgirent au bas de la roche sur laquelle était établie la ligne ennemie. Déjà affolé par l'approche des radeaux que ses coups n'avaient pas arrêtés, l'ennemi fut bouleversé en s'apercevant que des hommes qu'il n'avait pas vus étaient cachés à ses pieds. Une rafale de mitrailleuse suivie d'éclatements de grenades déclencha la panique. Les hommes sortis du pied des rochers s'emparèrent du premier poste pendant que les premiers radeaux abordaient rapidement. [...] Les Blancs sont foutus ! Notre avant-garde a abordé ! »

Les Rouges inventent à nouveau mille ruses pour se moquer des Blancs comme aux meilleurs moments des campagnes d'extermination. Le général Luo Binghui

Elles sont une trentaine. Une trentaine seulement, mais leur rôle est primordial. Infirmières, toujours prêtes à secourir mais aussi combattantes, elles ont un statut radicalement différent de celui des femmes de l'ancienne Chine (les pieds bandés ne sont pas un mythe) et du gouvernement réactionnaire de Jiang Jieshi.

s'amuse par exemple à placer deux de ses compagnies sur deux montagnes et leur donne l'ordre de tourner autour pour donner l'illusion d'une force importante. Le même vieux renard, alors qu'une forêt épaisse recouvre la montagne, ordonne à ses hommes de bien se mettre en évidence dans les clairières. Les avions de reconnaissance sont alors persuadés qu'ils ont sous les yeux une force trop considérable pour pouvoir se cacher sous les arbres !

Et Luo Binghui conclut devant ses hommes : «Nous sommes comme un singe qui joue avec une vache dans une vallée étroite. L'ennemi, lourd et bête, est incapable de se déplacer rapidement, ridiculisé par nos tours de passe-passe habiles. Nous menons un combat glorieux pour la liberté, et ce n'est pas une vache stupide qui va nous empêcher de passer.»

Le premier coup d'éclat est la prise de la ville de Zunyi

Enfin, après plusieurs tentatives effectuées sous le feu de l'ennemi, les volontaires engagés dans l'action réussissent à aborder sur l'autre rive du Wujiang. Nous sommes le 3 janvier 1935. Deux jours plus tard, le 5, les Rouges sont dans Zunyi. Un premier détachement, revêtu d'uniformes du Guomindang, pénètre dans la ville, ouvre les portes au gros des troupes. Le succès est total. Pendant une douzaine de jours, les soldats de l'armée Rouge vont pouvoir se reposer, sans toutefois rester inactifs. Les forces locales sont organisées en comités révolutionnaires. Un détachement de partisans est créé. Une nouvelle répartition des biens est effectuée entre les habitants.

L'AURORE A ZUNYI 67

L'un des combattants-artistes a pris sur le vif cette scène de ralliement – forcé ou pas – de soldats du Guomindang. Histoire non seulement vraie mais souvent renouvelée : les soldats mercenaires avaient l'habitude de passer allégrement d'un camp à l'autre.

La prise en tenaille de Zunyi, cette petite ville de la province orientale du Guizhou, est l'une des grandes réussites stratégiques des Rouges. Dans la Chine d'aujourd'hui, ce nom est synonyme d'ère nouvelle.

Pour la première fois depuis le départ, les Rouges vont pouvoir soigner leurs plaies, se nettoyer. C'est l'occasion pour les militants politiques d'enrôler de nouvelles recrues : 3000 s'engageront. D'autres militants se chargent de peindre des slogans politiques sur les murs de la ville, ces fameux dazibaos que l'on a vu refleurir au moment de la révolution culturelle. Sur les places de la ville, les habitants éberlués peuvent assister à des spectacles de rue, à des pièces de théâtre où il est question de mauvais propriétaires fonciers et de méchants militaristes. Les acteurs et les actrices se recrutent bien entendu parmi les soldats rouges : des hommes et aussi quelques-unes des trente femmes qui font la Longue Marche.

Ce court répit permet surtout aux dirigeants de tenir une conférence qui marque la véritable prise de pouvoir de Mao Zedong au sein du PCC

Les membres du bureau politique y assistent mais aussi Deng Xiaoping (Teng Hsiao-p'ing) qui deviendra plus tard secrétaire général du parti.

Tout d'abord, on tire les leçons du passé : celles de la cinquième campagne pendant laquelle l'armée Rouge s'est montrée incapable de contre-attaquer ; le départ du Kiangsi dans la hâte, le véritable déménagement qui empêchait de se battre. Otto Braun et Bo Gu, le secrétaire général, sont mis en minorité. Zhou Enlai reconnaît ses erreurs et fait son autocritique. Mao Zedong devient président du Conseil militaire. Le 19 janvier 1935, l'armée Rouge quitte Zunyi.

LA CONFÉRENCE DES CHEFS 69

La conférence de Zunyi suscite nombre de peintures, de pièces de théâtre et de textes divers. La photo où l'on reconnaît Mao et Lin Biao date, dit-on, de cet instant historique. Les deux hommes symbolisent l'époque et, pour longtemps encore, appartiennent à la même faction. Ce n'est pas le cas de Zhou Enlai qui abandonne in extremis le parti des villes – celui des vingt-huit bolcheviques – et se rallie, à Zunyi justement, à Mao, le nouvel homme fort qui conservera le pouvoir jusqu'à son dernier souffle. La peinture immortalise la réunion des trois hommes (Mao au centre, Zhou à gauche, Lin Biao à droite) et reproduit les canons de l'art révolutionnaire : exaltation, sourire triomphant, aisance et naturel. Costume Mao, bien sûr, appelé en Chine... costume Sun Yixian ! Le savoir et le pouvoir sont au bout du rouleau que tient Mao dans sa main.

Les années Mao : l'enfance d'un mythe

Mao Zedong est né le 26 décembre 1893 à Shaoshan, un village de la province du Hunan, au cœur de la Chine, dans une famille de paysans relativement aisés. On le voit à droite en tenue traditionnelle chinoise aux côtés de son père, de son oncle et de son frère cadet. Père et fils, dit-on, ne s'entendaient guère. Très vite Mao Zedong quittera le giron familial pour aller étudier et courir la Chine. Il n'oubliera pourtant jamais ses racines paysannes. C'est même en grande partie grâce à ses origines qu'il transformera la doctrine marxiste et l'adaptera à la réalité chinoise.

En 1913, étudiant à l'académie de Changsha (second à gauche/photo gauche, second à droite/photo droite), Mao est déjà sensibilisé aux événements politiques. Il a assisté en 1911-1912 à l'avènement de la République. A Changsha, il rencontre d'autres jeunes gens attirés par la Révolution, parmi lesquels un certain Liu Shaoqi. Mais les grandes étapes sont encore à venir : 1917, la révolution bolchevique, 1919, le Mouvement du 4 mai, 1921, la naissance du PCC.

L'entrée en politique

Ces trois photos reflètent bien le contexte des luttes menées au début des années 30 par Mao Zedong et les siens. Lui-même apparaît comme un jeune chef romantique, au visage calme et quelque peu énigmatique. Régularité des traits, paix intérieure. Il siège alors au Comité exécutif central du gouvernement soviétique du Jiangxi dont il assure la direction. Il n'est pas pour autant à la tête du PCC tenu par un groupe de «communistes des villes» surnommés les «28 bolcheviques». On notera l'aspect hétéroclite des costumes des dirigeants communistes. C'est bel et bien l'époque de la guerilla.

La photo qui montre Mao en train de haranguer des paysans-soldats est probablement postérieure. Sœur jumelle d'un autre document où l'on voit Zhu De s'adressant à ses troupes, cette image témoigne du volontarisme des dirigeants communistes et de leur manque de moyens. Ni micro ni même porte-voix. Seulement la foi.

L'image du héros

Deux images, deux symboles. Mao en costume traditionnel, vêtu de cette longue robe qui accentue encore l'élancement et la grâce de sa silhouette et rappelle le rôle du missionnaire armé seulement d'un parapluie à l'ancienne. Le visage résolu, le poing presque fermé, la démarche, la position – Mao semble flotter au-dessus des montagnes – en disent long sur la détermination et le destin du grand homme.
L'autre visage traduit autant de détermination. C'est le militaire, le stratège, qui prend ici le devant. Datée du début de la guerre sino-japonaise (1936), une telle représentation, par ses couleurs, les multiples retouches qui idéalisent le personnage, s'apparente à une icône. Elle en a la fonction. Les portraits du «Président Mao» remplaceront à partir des années 50 les autels dédiés aux dieux chinois et au culte des ancêtres dans la plupart des foyers. La fabrication de ces effigies deviendra même une véritable industrie.

La Longue Marche est commencée depuis plus de cent jours. Pourtant, la plupart des auteurs chinois font commencer son histoire à Zunyi. Chen Zhitong écrit dans la préface de sa pièce intitulée *la Longue Marche* : « Il me fallait d'abord choisir mon point de départ. Je pris le parti de commencer au moment de la seconde attaque de la passe de Lushan, lorsque l'armée Rouge, sous la direction du président Mao, remporta sa première victoire. »

CHAPITRE IV
L'ÉPOPÉE

Les femmes, conscience de la Révolution ; le pont de Luding, pont de la Libération. L'art officiel exalte le peuple en armes, le peuple héroïque.

En effet, voici venu le temps des victoires. Tout d'abord, on se débarrasse de tout le matériel trop encombrant que les porteurs ont réussi à sauver ; tout est immergé dans la rivière Wu : les presses d'imprimerie, les massicots, les derniers livres, les lourdes enclumes, les caractères de plomb et aussi les machines à coudre, les planches à billets ainsi qu'un vieux canon qui avait perdu ses obus dans les batailles.

Nouvel objectif: franchir le Yangzijiang et rejoindre un autre «soviet» commandé par l'un des chefs historiques du PCC, Zhang Guotao (Chang Kuo-tao) un des douze fondateurs du parti en 1921

Zhang a participé à la plupart des grandes actions révolutionnaires des années 20 avant de se réfugier avec 16 000 rescapés au Sichuan, une province grande comme la France située à l'ouest de la Chine, à deux pas du Tibet.

Zhang Guotao, qui recrute essentiellement parmi les mendiants, les petits bandits, les déserteurs et les opiomanes, constitue une armée de près de 100 000 hommes au sein de laquelle l'on compte même,

66 En décembre, dans le parfum des fleurs de prunier.
Nous pénétrâmes au Guizhou et franchîmes la rivière Wu.
Dix comtés furent bientôt occupés.
Le nom de l'armée Rouge atteignit les quatre mers.
En février, à Tongzi et Zunyi,
Notre Armée réformée se réorganisa.
Nous protégeâmes la guérilla dans le Sud du Sichuan
Et de nouveaux volontaires rejoignirent nos rangs.
En mars, nous revînmes vers le Guizhou
Et Zunyi fut à nouveau occupée... 99
Chant de la Longue Marche

FÉVRIER 1935 : LA BATAILLE DE LA PASSE DE LUSHAN

fait rare, deux régiments de femmes soldats. C'est l'armée du quatrième front. Les Rouges du Sichuan, qui communiquent avec ceux de la Longue Marche par radio, font route vers l'ouest pour rejoindre l'armée du premier front commandée par Mao et Zhu De.

Le Yangzijiang paraît tout près. Moins de 100 kilomètres ! Mais les troupes ennemies mènent la vie dure aux marcheurs. Mao se souvient alors du vieux dicton chinois : « Faire du bruit à l'est pour attaquer à l'ouest. » Encerclées par les nationalistes et les seigneurs de la guerre, ses troupes retraversent la rivière Rouge, font provision de sel dans une bourgade après en avoir distribué aux coolies (les porteurs) qui travaillent dans les mines et réoccupent Zunyi après avoir franchi la passe de Lushan « où un homme seul peut y arrêter une armée de 10 000 hommes ». Cette passe, Mao Zedong l'immortalise dans un de ses poèmes.

A Zunyi, Zhu De apprend par le journal que son fils de 19 ans vient d'être capturé et abattu dans le Sichuan. Zhu De ne bronche pas. Et l'armée repart... vers la rivière Rouge, vers le nord, file vers l'est, franchit une quatrième

Lors du fameux passage du défilé de Lushan, Mao et Lin Biao sont à la tête de la colonne. Une fois de plus, ils vont faire mentir l'histoire et réussir là où leurs devanciers, les Taiping, avaient perdu une bataille décisive au XIXe siècle.

❝Ne croyez pas qu'il soit de fer, ce défilé puissant, maintenant, à grands pas, nous franchissons ses crêtes, ces monts si verts semblent un océan, ce soleil qui se meurt semble de sang.❞

Mao Zedong

fois la rivière et descend vers le sud. Et quelles étapes : 30, 40, 45 kilomètres ! Zhu De, qui tient un carnet de route, donne des indications très précieuses sur la vie des populations, leur extrême misère. Il note : «Principale nourriture du peuple : maïs avec petits morceaux de choux. Paysans trop pauvres pour manger du riz. Obligés de le vendre pour payer loyers et intérêts. Riz saisi par militaristes comme ''impôt du riz en période de guerre''... Paysans appellent propriétaires fonciers ''rentiers''. Se donnent à eux-mêmes le surnom de ''hommes secs'' (vidés de tout). Trois sortes de sel : blanc pour riches, brun pour classes moyennes, résidu noir pour masses laborieuses. Sel noir si cher que paysans frottent chou sur un petit morceau de sel en mangeant.»

Le général se reposait sans doute dans un village lorsqu'il écrit : «Pauvres cabanes avec toits de chaume pourris. Petites portes en tige de maïs et de bambou. Pas de courtepointes nulle part, sauf chez propriétaires fonciers. Une famille de dix personnes : deux lits de planches. Un pour mari, femme et bébé. Un pour grand-mère. Les autres dorment par terre autour du feu, sans couverture.» Enfin, les lignes suivantes ont dû être écrites dans une cabane : «Jeune travailleur agricole se croit de trop basse condition pour s'enrôler dans l'armée Rouge où les soldats lisent. Dit qu'il a travaillé cinq ans pour le propriétaire foncier. Salaire total : 3000 pièces de cuivre, c'est-à-dire 27,99 dollars, nourri. Propriétaire foncier a fui à notre approche. Ouvrier a pris riz, farine et maïs. Rapporté à sa mère une courtepointe et un pantalon.»

Zhu De joue dans la Longue Marche un rôle à la fois capital et ambigu. Chef militaire incontesté de l'Armée Rouge, il hésite, semble-t-il, à prendre la direction indiquée par Mao et les siens. Séparation qui aura même, un temps, un caractère de scission. Il faut dire à sa décharge qu'originaire du Sichuan, où les Rouges passent, il souhaitait peut-être rallier les troupes d'un autre Sichuanais : Zhang Guotao.

L'enrôlement dans l'armée sur le parcours est vital : les pertes en hommes continuent

Le grand travail des propagandistes est de trouver de nouvelles recrues. Des groupes de travail sont envoyés en avant parmi la population locale. Quand ils voient un

village non loin de la route, ils y courent, entrent dans des maisons de paysans et discutent avec eux.

Prudemment, ils commencent à faire parmi eux un travail de propagande et d'éducation. Et le flot des nouvelles recrues vient grossir l'armée Rouge. Certains recrutements ne se font pas sans drame. L'homme qui part bon gré mal gré laisse en général toute une maisonnée, femme, enfants et vieux parents. Qui cultivera la terre ? Qui nourrira toutes ces bouches ?

Cependant, certains partent non sans dire à leur épouse le vieux dicton : « Celui qui n'a pas la force de se séparer de sa douce épouse, celui-là ne deviendra jamais un homme. »

Des paysans attentifs, convaincus, prêts à la révolte, émus, écoutant avec passion le jeune communiste, dont l'écharpe flotte au vent de la révolution... Cette scène, très théâtrale, montre bien le fonctionnement du système de propagande des Rouges : prise de parole dans tous les villages, véhémence du propos.

82 L'ÉPOPÉE

MARS-AVRIL 1935 : LES MÊMES DANGERS, D'UN FLEUVE A L'AUTRE 83

„ En avril, nous partîmes vers le Sud ;
Il nous fallut nous battre de Guiyang à Kunming.
En triomphe, nous passâmes la rivière aux Sables d'or
Et traversâmes l'Ouest du Sichuan.
En mai, au pont de Luding,
Nous culbutâmes
Liu Wenhui
Et franchîmes tranquillement la rivière Dadu.
Les noms des Dix-Sept Héros ornaient nos étendards.
Dans la chaleur de juin, la neige recouvrait les monts Jiajin.
Deux armées, la première et la quatrième, se réunirent à Fankong. ”
Chant de la Longue Marche

Du Guizhou au Sichuan, avec aviation et artillerie, Jiang Jieshi harcèle les communistes

La descente au sud du Guizhou coïncide avec l'arrivée dans la capitale de la province, Guiyang, du généralissime qui prend en main lui-même les opérations. Les Rouges se rapprochent de la ville et font mine de vouloir l'attaquer. Jiang Jieshi, affolé par cette avancée des Rouges, se fait construire une piste de décollage au sommet de la ville pour s'échapper au cas où les Rouges prendraient Guiyang. Mais ceux-ci la contournent et marchent vers l'ouest, à raison de 60 kilomètres par jour. Et, une fois encore, l'extraordinaire se produit : encerclés de toutes parts, ils croisent par miracle l'armée provinciale du Yunnan qui vient les chercher au Guizhou. La route est libre.

Les Rouges ont semé les fantassins blancs mais ils sont poursuivis par les avions qui ne cessent de les bombarder. He Zichen, la femme de Mao Zedong, est alors enceinte. Elle veut aider malgré son état un commandant blessé au bord de la route. Mais une bombe à retardement l'atteint. He Zichen vient de recevoir dix-sept éclats d'obus. Elle survivra mais perdra son enfant.

Un obstacle naturel de taille va maintenant se présenter : le Yangzijiang. En avril 1935, les Rouges vont franchir la rivière, là où elle porte le nom de rivière des Sables d'or, qui est déjà large de 300 mètres et court à 5 mètres à la seconde. Malgré le vent, les vagues et les sentinelles, l'avant-garde passe sur la rive nord. La traversée dure neuf jours et neuf nuits. Après quoi, les barques sont détruites et coulées.

Les Lolo appartiennent à ces cinquante groupes ethniques que l'on appelle en Chine «minorités nationales» et que l'on retrouve essentiellement aux frontières du pays. Il semble que certains de ces groupes aient occupé de tout temps les régions montagneuses. D'autres ont pu être chassés par des envahisseurs avides de terres riches. La plupart vivent aujourd'hui dans des régions autonomes et maintiennent leurs traditions ancestrales.

MAI 1935, LE FACE A FACE AVEC DES TRIBUS HOSTILES

Et la marche reprend. Elle reprend même gaiement ! Comme le raconte un des marcheurs : « La première tentative de traverser le Yangzi remonte à janvier et c'est aujourd'hui le 1er mai, la fête du Travail. Pas le temps de célébrer cette date. Nous chantons juste des chants et lançons des slogans le long du chemin. »

Le Sichuan, pays du peuple Lolo

En pénétrant au Sichuan, la plupart des combattants se sentent dépaysés. Hommes des vastes plaines du Sud-Est, ils redoutent les reliefs de cette grande montagne froide qu'ils sont sur le point d'atteindre. Ils les redoutent d'autant plus qu'ils sont le domaine d'un peuple belliqueux : les Lolo.

Réputée pour ses razzias et pour les enlèvements de villageois dont elle fait ses esclaves, la population Lolo est elle-même divisée en deux classes : les maîtres, Lolo noirs,

Mao et sa deuxième femme He Zichen. Il la quittera peu après pour épouser l'actrice Jiang Xin.

❝ Les Lolo ont l'art de confisquer et nous n'avons guère apprécié de rencontrer des gens plus habiles que nous en la matière. L'ensemble des troupes est mobilisé pour faire des présents aux Lolo pour obtenir de passer, mais ils ne sont jamais satisfaits et prennent une chose après une autre. Ils vont jusqu'à fouiller les poches de nos soldats et tirent sur leurs vêtements avec rudesse. En fait, ils se saisissent de tout ce dont l'armée Rouge peut se passer. Mais le seul moyen de sauver nos vies c'est de sourire et d'être patients. ❞

qui représentent 10 % de la population, et les esclaves, les Lolo blancs, qui sont esclaves des uns et des autres.

L'armée Rouge, avec à sa tête Liu Bocheng et Lin Biao, avance en rangs serrés. Les Lolo ont en effet la réputation d'attaquer les traînards. Les premiers contacts sont difficiles. Un soldat raconte : « Au début, les Lolo poussaient un long cri de guerre dès qu'ils apercevaient l'armée Rouge. Leurs guerriers, torse nu, saisissaient alors leur lance et fondaient sur les nouveaux arrivants comme des essaims de frelons. »

Wang Sheng, à l'extrême gauche, commissaire politique du sixième groupe d'armée, vient de négocier un traité de paix avec la tribu des Miao, une autre minorité nationale rencontrée par l'armée Rouge. Les habits traditionnels des Miao et leur sérieux contrastent avec la décontraction du jeune commissaire.

Les Rouges devront leur salut à deux gestes : l'ouverture des prisons et la rencontre avec le chef Lolo

En arrivant dans la petite ville de Mianning, après avoir croisé quelques propriétaires vêtus seulement d'une culotte (les Lolo leur avaient tout pris!), les communistes commencent par ouvrir toutes grandes les portes des prisons et délivrent plusieurs centaines de Lolo, pour la plupart des petits chefs de clan.

L'un d'eux raconte : « Les soldats rouges, avec de grandes précautions, brisèrent les chaînes à coups de

MAI 1935 : LA DIFFICILE NÉGOCIATION AVEC LES LOLO

marteau ; ensuite, ils firent sortir les prisonniers un à un, en les portant sur leur dos. Comme beaucoup d'autres, je les aidai de mon mieux. Bientôt, la place fut remplie de libérés ; ils étaient plus de deux cents. [...] En retrouvant leurs parents ou leurs amis dans cet état pitoyable, beaucoup d'assistants se mirent à pleurer. D'autres, apprenant que ceux qu'ils cherchaient étaient morts, sanglotaient. Devant une telle douleur, les larmes nous gagnèrent tous. Les libérés remerciaient les soldats rouges de leur avoir sauvé la vie. Les parents de ceux qui étaient morts en prison s'accrochaient aux libérateurs et les suppliaient en pleurant de venger leurs morts. Les soldats consolaient tout le monde, mais eux aussi pleuraient. ''Nous n'oublierons pas vos prières, braves gens! répétaient-ils. Nous vengerons vos morts, nous exterminerons ces canailles du Guomindang!'' Emporté par la douleur, je m'écriai très fort : ''Je veux me joindre à vous pour faire la guerre au Guomindang!'' Et c'est ainsi que l'armée Rouge est encore grossie par des volontaires Lolo. »

Grâce à l'intervention d'un soldat de l'armée Rouge qui connaît la langue des Lolo, une rencontre est organisée entre le général borgne, Liu Bocheng, et le chef des Lolo noirs. Second geste capital qui assurera la bienveillance des populations locales. Cette entrevue a lieu

Liu Bocheng, «le dragon borgne», est avec Zhu De, Lin Biao et Chen Yi, l'un des grands généraux de l'armée Rouge. Remarquable diplomate, homme de compromis, il se révélera un grand stratège lors des affrontements entre Rouges et Blancs, de 1946 à 1949. Avec Chen Yi, il saura tronçonner les énormes armées de Jiang Jieshi pour mieux les annihiler morceau par morceau, appliquant ainsi les préceptes du philosophe Sunzi, comme au bon vieux temps des campagnes d'extermination.

sur les bords d'un étang appelé Haijipian. Un pacte d'amitié est conclu et scellé par le serment du sang. Le chef tue un poulet, fait couler quelques gouttes de sang dans deux bols contenant de l'eau, tout en prononçant ces paroles : «Aujourd'hui, les deux chefs Liu Bocheng et Xiao Yuedian deviennent frères de sang. Que celui qui trahira l'autre meure comme ce poulet!» Liu prend alors un des bols et dit d'une voix forte pour que tous les Lolo et les soldats présents puissent entendre : «Moi, Liu Bocheng, et Xiao Yuedian devenons aujourd'hui frères de sang. Nous sommes prêts à vivre et à mourir ensemble. Que je meure comme ce poulet si je trahis mon serment!»

Le chef des Lolo noirs, accompagné de nombreux guerriers, escorte ensuite l'armée Rouge jusqu'aux limites de son territoire. Là, il donne l'ordre à vingt esclaves, qui sont des Lolo blancs, de guider l'armée Rouge vers le nord et de rester avec elle pour apprendre ses méthodes de combat.

Le 24 mai 1935, l'avant-garde atteint le bourg d'Anshunchang, au bord de la Dadu, là où les Taiping s'étaient fait écraser soixante-douze ans plus tôt

Ce sera l'un des plus grands combats de l'armée Rouge. Jiang Jieshi demande aux troupes des seigneurs de la guerre locaux de répéter l'histoire en détruisant l'armée Rouge. «Alors, dit Zhu De, nous nous répétâmes la réflexion de Karl Marx selon laquelle des événements importants de l'histoire du monde et des personnes se produisent deux fois – ''la première fois en tragédie, la seconde en farce''.»

Une fois encore, l'héroïsme de dix-huit braves fait merveille. Malgré la mitraille, malgré de terribles vagues, la première barque accoste sur l'autre bord. Mais seule la division de Lin Biao suit le mouvement. L'aviation ennemie bombarde Anshunchang et le gros de l'armée est obligé de se diriger vers le pont de Luding, en amont de la rivière.

Une course folle s'engage alors entre les deux ailes ainsi formées de l'armée Rouge et certains éléments nationalistes envoyés vers Luding. Le général Yang Chenwu raconte : «Le 23 mai au matin, notre régiment, le quatrième, quitta Anshunchang et s'avança rapidement vers le pont de Luding par la rive ouest. Nous avions l'ordre d'accomplir ce parcours de 320 *li* (environ

Les timbres eux-mêmes ont mis en valeur l'épisode le plus célèbre de la Longue Marche. Avec les affiches, ils sont l'un des moyens de la propagande dans les années 1950.

29 MAI 1935 : LA REVANCHE DU PONT DE LUDING

160 kilomètres) en trois jours. Nous suivions un petit chemin tortueux et accidenté, bordé d'un côté par des parois de montagnes neigeuses montant droit jusqu'aux nuages et, de l'autre, par une vallée profonde de plusieurs dizaines de pieds, où coulaient les eaux tumultueuses de la Dadu. La réverbération des neiges éternelles nous blessait les yeux, l'air froid nous transperçait. Nous ne posions nos pieds qu'avec une extrême attention, car le dicton ''un faux pas se paie de regrets éternels'' était bien de circonstance. Ce n'était pas la peur du danger qui nous talonnait, mais l'urgence de gagner le pont de Luding. »

A lui seul le pont de Luding, véritable pont de singe sur un torrent tumultueux, résume toute la Longue Marche : la gravité des périls, le sens du sacrifice et des risques calculés, la solidarité, la ténacité et l'agilité d'hommes qui osent défier une nature inhospitalière et un ennemi omniprésent.

Un autre témoin : «Plus les difficultés sont grandes, plus le travail politique est important. Nous lançâmes un appel à la cellule communiste. A tous les membres du Parti, à tous ceux des jeunesses communistes et à tous les activistes, nous expliquions les difficultés auxquelles nous devions faire face et leur disions qu'il fallait absolument atteindre le pont de Luding le lendemain matin.»

Après cet épisode célèbre, les Rouges repartent, toujours plus haut, dans des montagnes de plus en plus froides

Tout d'abord, le parcours des marcheurs ne cesse de monter. Les hautes vallées par lesquelles les communistes sont obligés de passer se situent à 2000 et parfois à 3000 mètres. L'été approche et pourtant la neige peut se mettre à tomber à tout moment. Les nuits glacent ces hommes du Sud qui ne portent même pas de manteau. La Longue Marche prend alors des allures de retraite de Russie.

Un soldat raconte : «La dernière étape pour arriver en

A exploit exceptionnel, peinture grandiose. Une fois encore le style révolutionnaire se mêle à une imagerie proche de l'art traditionnel chinois. On y retrouve en effet l'immensité de la nature, son souffle et l'infime échelle de l'homme.

haut n'était pas bien longue mais chaque pas me coûtait d'immenses efforts. Sans doute mes diarrhées étaient-elles moins fréquentes, mais je me sentais très mal : ma faiblesse et mon désarroi étaient tels qu'on aurait dit que j'avais jeûné pendant quinze jours. A 200 mètres du sommet, l'air était si raréfié que j'éprouvais une grande gêne pour respirer. Je fus pris de vertiges et, de nouveau, je devins noir. Je me tenais à peine debout et je faisais deux pas en arrière pour un en avant. Cette fois-ci, me dis-je, je ne pourrai pas arriver au sommet ! Je fis un effort terrible pour rester sur mes pieds, car je savais qu'une fois tombé à terre je ne me relèverais plus. J'en étais là de cette lutte désespérée lorsque des agents de liaison qui nous suivaient arrivèrent à ma hauteur. Ils m'entourèrent, me soutinrent et, peu à peu, je me sentis un peu plus solide. C'est alors que j'entendis dans mon dos un bruit de chute suivi d'un cri. Je me retournai et mes yeux troubles distinguèrent à terre un porteur avec tout son chargement. »

Les Rouges vivent là l'un des épisodes les plus tragiques de la Longue Marche. Les pertes sont terribles.

> Un champ de neige et de glace s'étendait maintenant devant nous. Mais le piétinement des troupes qui nous avaient précédés avait creusé le chemin, encaissé entre deux murs de neige de la hauteur d'un homme. Au bord de cette route foulée par des milliers de pieds, gisaient les cadavres d'un grand nombre de nos frères de la classe ouvrière. Ils avaient lutté jusqu'à leur dernier souffle pour le bonheur de leur peuple et finalement s'étaient endormis dans la neige des cimes.

Pourtant ils survivent et continuent leur chemin dans l'espoir de retrouver les armées de Zhang Guotao

Une fois de plus, Chen Changfeng témoigne : «Nous arrivâmes finalement au sommet. Là, sur le sol recouvert de neige, les hommes s'étaient accroupis par groupe de trois ou cinq, appuyés les uns contre les autres ; d'aucuns, épuisés, s'étaient tout simplement laissés choir sur le sol. Alors le Président s'avança au milieu d'eux et leur dit avec douceur : ''Camarades, nous ne pouvons pas nous arrêter ici. L'air est raréfié, il serait dangereux de nous attarder davantage. Encore un petit effort et nous pourrons faire la jonction avec l'armée du quatrième front, de l'autre côté de la montagne !'' Cette exhortation insuffla sur-le-champ à tous une ardeur nouvelle et d'un mouvement nous nous mîmes à dévaler le versant opposé.»

Et les Rouges de Mao finissent par retrouver les autres Rouges de Zhang Guotao qui viennent eux aussi d'effectuer une véritable Longue Marche.

Les hommes des deux armées s'embrassent, mais entre les chefs, c'est la lutte pour le pouvoir

Si l'ambiance entre les soldats venus du Jiangxi et ceux du Sichuan est joyeuse, celle des réunions entre chefs est beaucoup plus tendue. C'est la direction du mouvement communiste qui est en jeu à travers les personnalités de Mao Zedong et Zhang Guotao et le déséquilibre des forces qui viennent de se retrouver. Les troupes de Mao se sont considérablement réduites et ne comptent plus que 10 000 hommes. Zhang Guotao a lui aussi subi des pertes mais son armée est encore forte d'au moins 45 000 soldats. Il espère bien prendre le pouvoir et maintenir les armées rouges au Sichuan où sont nés la plupart de ses hommes.

Mais la raison du plus fort ne l'emporte pas. Zhang Guotao est mis en minorité. Il devra suivre l'itinéraire proposé par Mao Zedong. Celui-ci veut en effet reprendre la route pour aller jusqu'au Shaanxi, plus au nord, assez loin des forces nationalistes, assez près des Japonais contre lesquels les communistes souhaitent se battre après avoir soulevé les populations. On forme deux colonnes distinctes. Certains chefs, comme le général Zhu De, vont se joindre aux troupes de Zhang Guotao. Des alliés de celui-ci s'intègrent à l'armée du premier front.

Le sourire de Zhang Guotao dissimule à peine le malaise entre deux des chefs historiques du PCC. Mao et Zhang ont tous deux su échapper à la répression blanche et ont rassemblé autour d'eux, loin des grandes villes, des combattants rouges. Zhang Guotao possède des troupes plus nombreuses et plus fraîches. Mao a avec lui les hommes forts du Parti – même si certains, comme Zhu De ont hésité entre les deux tendances. Il sait surtout, dans les réunions, imposer ses vues. Le parallèle entre les deux hommes est fascinant : l'un ne cesse de franchir les obstacles qui le séparent du pouvoir suprême ; l'autre, après un séjour à Moscou, finira sa vie dans l'anonymat à Hong-kong.

JUIN 1935 : LA RENCONTRE DES DEUX CHEFS

À la fin d'août 1935, les deux colonnes de l'armée Rouge sont près du but. Mais une dernière épreuve les attend : le terrible désert de boue des Prairies. L'armée de Zhang Guotao rebrousse chemin. Elle va errer plus d'un an entre le Sichuan et la province du Gansu, à l'extrême nord-ouest de la Chine. Mao, lui, continue. Son armée s'engage dans la traversée des Prairies. Pendant plusieurs jours, les soldats à bout de force tentent de ramasser, de cueillir tout ce qui paraît comestible : plantes sauvages, champignons, fruits, au risque de s'empoisonner.

CHAPITRE V
LA MARCHE FINALE VERS LE NORD

Mao est désormais le leader incontesté des communistes. Pourtant, 14 années le séparent encore de la prise de pouvoir officielle sur tout le pays.

Un des commandants de l'armée Rouge décrit bien le spectacle hallucinant que les communistes découvrent alors.

«Du haut de la lamasserie de Kangmaose, on pouvait contempler l'immense étendue sombre des steppes. On se serait cru devant un océan sans rivage. Les jours où le soleil ne se montrait pas, toute orientation était impossible. Les steppes étaient coupées par une multitude de marécages où s'enlisaient ceux qui avaient le malheur de s'y aventurer. De petits tertres couverts d'herbe et de la taille d'un pouf

Les steppes marécageuses furent l'un des épisodes les plus désastreux de la Longue Marche : des colonnes entières happées par les marais mouvants.

AOÛT 1935 : LE PIÈGE DU GRAND DÉSERT DE BOUE

jalonnaient ces marais mouvants. Nous nous engageâmes avec précaution en prenant bien soin de ne poser nos pieds que sur les tertres. »

C'est dans cet hallucinant décor des Prairies qu'a lieu un épisode resté fameux, celui de la corde

Pour signaler aux suivants la bonne route, un soldat de l'avant-garde a pris soin de tresser une corde. Une grosse corde en poils de chèvre, qui zigzague sur l'herbe. Dans ces steppes bourbeuses où il peut être fatal de perdre son

L'itinéraire imposé aux Rouges ne leur a rien épargné : torrents, montagnes glacées, zones désertiques. Sans compter la durée de l'épreuve : pratiquement un an. Sans oublier la pauvreté extrême de l'habillement, les conditions d'alimentation toujours précaires, la difficulté à soigner les malades.

chemin, les soldats de l'arrière-garde suivent cette corde en prenant bien garde de marcher dessus, car à aucun prix il ne faut la rompre... Le commandant Tang Jinglin raconte :

« Nous comprenions qu'il ne s'agissait pas là d'une corde comme les autres ; c'était un véritable fil de vie, pour lequel beaucoup de nos frères d'armes s'étaient sacrifiés. Pendant les quatre premiers jours, nous avançâmes sans encombre en suivant la corde. Dans l'après-midi du cinquième jour, les troupes se chauffaient au soleil sur une bande de terrain herbeux, lorsque le temps changea brusquement. Un vent violent précipita sur nous une masse de nuages noirs : on aurait dit des démons fonçant sur leurs proies. Des grêlons se mirent à tomber, gros comme des œufs de pigeon, bientôt suivis de gros flocons de neige. Pour se garantir du froid, tous les camarades se serrèrent d'eux-mêmes les uns contre les autres, en se cachant la tête à plusieurs sous une même couverture. Dès que la neige cessa, les gros champignons que formait chaque groupe se mirent à bouger. Les hommes secouèrent la neige des couvertures et s'aidèrent à se relever. Mais au

Vision plus réjouissante de la Longue Marche : au cours d'une veillée chaleureuse, Mao entouré de ses fidèles lieutenants – on reconnaît Zhou Enlai – raconte une histoire ou déclame un poème, avec ce fort accent du Hunan, sa province natale, qu'il ne perdra jamais.

LA CORDE, SYMBOLE DE LA SURVIE DES ROUGES

moment du départ, il fut impossible de retrouver la corde de poils. Notre commandant de compagnie fit aligner tous les hommes face à la direction d'où nous étions venus et nous ordonna de chercher la corde aussi minutieusement que s'il s'était agi d'une aiguille. Plus de cent paires de mains remuèrent la neige, mais la corde demeura introuvable.

« Nous n'avions pas de bois pour faire du feu, le froid était terrible ; nous ne pouvions donc pas nous arrêter là. Nous n'osions pas non plus nous engager plus avant, car le risque de tomber dans les marécages était grave. Force nous fut de faire demi-tour. »

C'est cette corde que Mao Zedong évoque dans un poème écrit en octobre 1935 et intitulé *le Mont Liupan*, le « mont des Six Détours » :

Le ciel est haut, les nuages sont clairs ;
l'œil poursuit l'oie sauvage vers le Sud infini.
Nous ne sommes hommes à moins d'atteindre la Grande Muraille ;
Déjà nous comptons sur nos doigts une marche de 20 000 li.

Dans le poème *le Mont Liupan*, Mao s'exprime par allusions : Liupan tout d'abord veut dire « six détours » (l'armée Rouge en a connu plus encore...). L'évocation du passage des oies permet de situer la saison : l'automne. Le vent qui vient de l'ouest est une référence à l'Union soviétique, d'abord grand frère avant de devenir l'ennemi que l'on sait. Enfin, le Dragon vert, que tous désirent ligoter avec une corde, désigne le Japon.

Sur la cime du mont Liupan
Notre bannière flotte au gré du vent de l'Ouest.
Aujourd'hui nous tenons en main la longue corde;
Quel jour ligotons-nous le Dragon vert?

Une fois de plus, les Rouges ont réussi l'exploit

Les paysans qui voient les survivants hagards surgir des marécages ne comprennent pas. Pourtant, ils participeront aux fêtes et aux danses organisées par les Rouges. La traversée des Prairies a été dramatique. Beaucoup d'hommes se sont enlisés dans les marais; d'autres se sont perdus; d'autres sont morts de froid et de faim.

Parmi les rescapés figurent des garçons qui ont parfois tout juste douze ou treize ans. Surnommés les «petits diables», orphelins, enfants perdus recueillis par l'armée Rouge sur son chemin, ils sont devenus infirmiers, ordonnances d'officiers, coursiers. L'un de ces petits diables se nomme Petit-Ballon...

Son vrai nom, c'est Hu Dengnan; c'est un gamin de douze ans, de petite taille, aux muscles solides, qui court comme un petit tigre. Mais comme il lui arrive de tomber, les soldats l'ont surnommé Petit-Ballon. Un des soldats raconte: «La faim et le froid étaient une terrible épreuve pour nous. Notre groupe avait achevé sa provision de grains, les autres unités n'en avaient plus beaucoup non plus. Même les herbes sauvages et les racines comestibles devenaient de plus en plus rares. Malgré cela, les activités culturelles allaient leur train. On chantait, on racontait des histoires, on composait des couplets, on enseignait les chansons de son pays... Bref, la diversité du programme contribuait au succès de chaque séance récréative. Un jour que les troupes campaient sur un terrain très en pente, l'équipe théâtrale envoya ses membres faire des visites de réconfort dans plusieurs compagnies. A notre arrivée à la suite de notre chef, tous les hommes nous applaudirent pour manifester

L'histoire des «petits diables» est aujourd'hui l'un des thèmes favoris des Chinois, petits et grands. Des romans idéalisent le courage de ces gamins qui courent entre les colonnes pour suivre cette armée malmenée de bout en bout. Là aussi, l'imagerie donne à voir des êtres bons, toujours disponibles, prêts au sacrifice. Comme leurs chefs, comme les soldats de base, comme les femmes et comme les rares médecins constamment sollicités.

SEPTEMBRE 1935 : LES ROUGES SORTENT DE L'ENFER

leur sympathie aux soldats bébés.

« Ils nous placèrent près d'un grand feu bien réconfortant et formèrent un cercle... La séance commença. Nous dansâmes la danse des enfants. Après avoir esquissé plusieurs figures de huit, nous nous mîmes à chanter un couplet drôle. Tous les soldats riaient aux éclats. Notre numéro terminé, ils vinrent nous serrer la main. Un grand gaillard prit Petit-Ballon à l'écart et, après avoir fouillé un long moment dans sa poche, il en sortit une poignée de seigle grillé, qu'il lui tendit :

– Tiens, prends ça petit frère !

Petit-Ballon ne voulait pas accepter ce cadeau, précieux comme la vie.

– Que mangerez-vous, si vous me le donnez ?
– Ne t'inquiète pas, j'en ai encore pour plusieurs jours... Finalement, Petit-Ballon dut accepter. Alors les soldats se mirent à chanter :

L'armée Rouge a une triple mission :
Vaincre l'impérialisme,

❝En juillet, nous étions au Nord-Ouest du Sichuan,
Où coule la Rivière aux Eaux Noires,
Où le blé ondule sous le vent à Lihua.
En août, nous avançâmes sans craindre la faim ni le froid,
Dans le vaste marécage que peu ont traversé.
L'armée Rouge toujours victorieuse endura la souffrance,
Pour battre le Japon et sauver la Chine.
En septembre, nous quittâmes Panchuchen pour le Nord-Est,
Et passâmes le Lazijiu et la rivière Wei.❞

Chant de la Longue Marche

*Exterminer les forces féodales,
Réaliser le partage des terres et instaurer un pouvoir prolétarien.
Alors chacun travaillera selon ses capacités, et chacun recevra tout ce qui lui est nécessaire.*

« Leurs voix montaient jusqu'aux nuages, et faisaient vibrer l'immense steppe.

« Au retour, Petit-Ballon remit au chef de groupe le cadeau qu'il avait reçu. Nous en fîmes une soupe très liquide que nous avalâmes avec délice. Ensuite nous dressâmes notre tente. Nous nous allongeâmes sur l'herbe les uns serrés contre les autres. A nous voir ainsi tassés, on nous aurait pris pour un géant endormi sur le sol. »

La fin de la Longue Marche est proche. Mao et Zhou Enlai sourient aux populations qui les accueillent. L'image met en valeur les leaders du PCC. Nous sommes au Nord-Ouest, dans des paysages de lœss. Les rudes montagnes enneigées, les fleuves infranchissables sont déjà loin.

Dans la marche finale vers le Shaanxi, les attaques viennent de guerriers locaux

Après les Prairies, les restes de l'armée Rouge du premier front se dirigent vers la onzième province, le Shaanxi, où ils doivent rejoindre d'autres communistes installés près du fleuve Jaune.

Les troupes nationalistes se trouvent distancées.

104 LA MARCHE FINALE VERS LE NORD

Mais les populations qui occupent ces contrées lointaines (ceux que l'on appelle aujourd'hui des minorités nationales) sont alors alliées aux nationalistes. Et les rescapés se font poursuivre successivement par les cavaliers tibétains et par des musulmans de la province voisine, le Gansu. Une fois

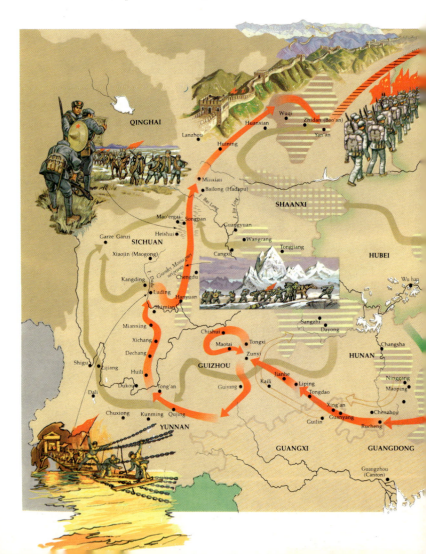

APRÈS 12000 KILOMÈTRES, L'ARRIVÉE AU SHAANXI 105

encore, une dernière fois, le choc est rude : l'ordonnance de Mao Zedong raconte : «Le jour de la bataille, j'étais sur une hauteur avec le Président. Sur le sommet, chauve comme le crâne d'un bonze, il ne poussait pas le moindre arbuste, pas même une poignée d'herbe. Le combat s'engagea.

Au crépitement de nos mitrailleuses répondit le hennissement des chevaux qui avaient perdu leur cavalier et galopaient dans tous les sens. Le feu était nourri de chaque côté, et même les rapides coursiers ne pouvaient échapper à la pluie de nos balles qui sifflaient de toutes parts. Je pus voir distinctement des cavaliers ennemis tomber de la selle de leurs montures qui s'étaient emballées et rouler à terre. Parfois, hommes et bêtes dégringolaient en même temps jusqu'au bas de la montagne... Après cette sanglante échauffourée, ils n'insistèrent pas et s'enfuirent à la débandade.»

Enfin, voici le moment tant attendu : les Rouges marchent sur la terre de lœss jaune du Shaanxi

Malgré les blessures, les plaies, les maladies, vêtus de haillons, amaigris, tannés par le soleil et les intempéries, ils avancent en bon ordre vers leurs camarades, vers les banderoles qui les saluent. «Devant nous s'élevèrent tout à coup des clameurs dominées par le bruit des tambourins et des gongs. Sur une vaste aire à l'entrée du village s'était massée une foule venue pour accueillir le Président. Quand il fut en vue, les cris redoublèrent et le son des gongs et des tambours

Cette carte simplifie sensiblement le parcours de l'armée Rouge ou plutôt des armées rouges de 1934 à 1936. Les chiffres parlent d'eux-mêmes : 1 escarmouche par jour, 15 journées en batailles rangées, 235 marches de jour, 18 de nuit ; 38 kilomètres par jour, 18 chaînes de montagne franchies, dont 5 couvertes de neiges éternelles, 24 cours d'eau importants, 11 provinces traversées, 62 villes occupées... Un des faits les plus remarquables : cette marche de 12000 km a souvent ressemblé à une découverte de territoires pratiquement inexplorés jusqu'alors.

❝Malgré l'infanterie et la cavalerie ennemie, Nous atteignîmes le Nord du Shaanxi. Les armées Rouges du Nord et du Sud se rejoignirent, Pour être victorieuses de la nouvelle campagne, Et unir le peuple pour sauver la Chine.❞
Chant de la Longue Marche

monta jusqu'au ciel. Telle une mer démontée, la foule se rua sur le Président. Les gens agitaient de petits drapeaux en papier vert ou rouge sur lesquels on lisait : Bienvenue au président Mao ! Bienvenue à l'armée rouge centrale ! »

C'est à ce moment-là, en ce mois d'octobre 1935, que Mao Zedong écrit l'un de ses poèmes les plus célèbres, *la Longue Marche :*

> *L'armée Rouge ne craint pas les difficultés des campagnes lointaines.*
> *10 000 fleuves, 10 000 montagnes sont pour elle choses communes,*
> *Les tortueux replis des cinq chaînes, une faible houle à sauter,*
> *Les monts énormes du Wumeng, une motte de boue sous les pieds.*
> *Chaudes sont les falaises brumeuses que flagella le fleuve aux Sables d'or.*
> *Glacées les chaînes de fer que tend d'une rive à l'autre le pont de Dadu ;*
> *Que de joie encore dans Minshan aux 1000 li de neige.*
> *Quand les trois armées sont passées, un sourire a éclairé tous les visages.*

LA FIN DE L'ODYSSÉE 107

Cette photo de Mao, Zhou Enlai et Zhu De marque la fin de l'épopée et nous projette déjà dans l'ère suivante, celle de la lutte anti-japonaise. Grâce à ces trois chefs historiques de la Révolution, l'armée Rouge va augmenter ses recrues et se fortifier. Pour autant, les leçons de la Longue Marche ne seront jamais oubliées. Celle-ci est le véritable ciment qui permettra aux communistes rescapés de tenir tête aux armées japonaises qui envahissent le pays, en reprenant les techniques de guérilla dans lesquelles ils sont passés maîtres au cours de ces années d'affrontement avec les armées régulières de Jiang Jieshi à peine la Seconde Guerre mondiale terminée.

108 LA MARCHE FINALE VERS LE NORD

ILS ONT FAIT LA LONGUE MARCHE 109

Xu Xiang-Quian (1) s'est illustré à plusieurs reprises lors de la Longue Marche ; il occupera le poste de ministre de la Défense jusqu'en 1981.

Kang Ke-qing (2) l'épouse de Zhu De, est l'une des rares femmes à avoir effectué la Longue Marche. Surnommée «la commandante», elle se distingue par sa bravoure et son habileté à tirer au pistolet. C'est une ancienne esclave vendue enfant à des paysans. Elle fait le voyage avec la femme de Mao, celle de Zhou Enlai et quelques femmes révolutionnaires.

Kao Kang (3) fait partie de ce noyau d'officiers et de commissaires politiques rescapés de la Longue Marche, qui formeront pendant des décennies le noyau dur du PCC.

Tong Piwu (4) représenta le PCC au cours des négociations avec le KMT après la Longue Marche.

He Long (5) l'un des généraux les plus inventifs du PCC, effectue avec ses troupes sa propre Longue Marche avant de rejoindre le reste des armées du Jiangxi.

Xu Meng-Qiu (6) paiera cher sa propre participation à la Longue Marche : comme nombre d'autres héros rouges, il sera amputé des deux jambes après son passage dans les neiges éternelles.

La Longue Marche est finie, du moins celle commandée depuis Liping et Zunyi par Mao Zedong. D'autres armées rouges vont errer encore un an avant de rejoindre le Shaanxi. Entre-temps, les communistes ont lancé un défi aux envahisseurs japonais qui ne cessent d'étendre leur territoire au nord de la Chine. Jiang Jieshi, lui, refuse toujours de se mesurer à l'armée japonaise.

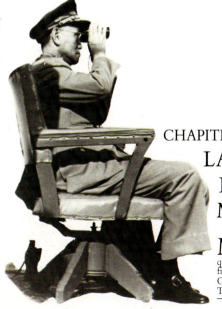

CHAPITRE VI
LA NAISSANCE DE LA CHINE MODERNE

Mao le vainqueur, Jiang Jieshi le vaincu, qui va s'installer, avec ses fidèles, loin de la grande Chine, dans la petite île de Taiwan.

112 LA NAISSANCE DE LA CHINE MODERNE

L'incident de Xi'an change le cours de l'histoire

Xi'an est l'une des grandes villes de la vallée du fleuve Jaune. En décembre 1936, le chef militaire de la région, Zhang Xueliang, surnommé le Jeune Maréchal, refuse d'obéir à Jiang Jieshi lorsque celui-ci lui ordonne d'écraser «une bonne fois pour toutes» ceux qu'on appelle toujours les «ennemis de l'intérieur».

Le Jeune Maréchal veut se battre contre les Japonais, les occupants. Non contre d'autres Chinois. Et lorsque le généralissime (Jiang Jieshi) vient à Xi'an en inspection, au mois de décembre 1936, il le fait prisonnier et lui présente certaines «demandes»... que Jiang Jieshi est bien obligé d'accepter. Le généralissime promet de ne plus attaquer les communistes et même de s'allier à eux pour lutter contre les Japonais : le Front uni est formé. Non sans l'intervention diplomatique de Zhou Enlai arrivé tout exprès de Yan'an en avion (la Longue Marche est déjà loin !) pour conclure un accord historique avec le généralissime, qu'il connaît bien. L'histoire – ou la légende – veut que ce soit Zhou Enlai qui ait sauvé la tête de Jiang Jieshi contre l'avis des jeunes officiers nationalistes rebelles.

Zhu De, comme tous ses compagnons, a troqué l'insigne des Rouges, l'étoile, pour celui des Blancs, qu'il porte sur sa casquette. C'est que désormais Rouges et Blancs sont réunis en une seule armée pour faire front aux Japonais.

Pendant sept ans, les anciens ennemis vont lutter ensemble contre l'envahisseur

Depuis le début du siècle – on se souvient des 21 demandes de 1915 – et plus précisément depuis le début des années 30, les Japonais font pression pour annexer la Chine. Les hostilités

BLANCS ET ROUGES : LA RÉCONCILIATION 113

L'aviateur aux allures d'aventurier baroudeur (sur la page de gauche) n'est autre que Zhou Enlai prêt à s'envoler pour Xi'an où il va retrouver Jiang Jieshi.
Le généralissime, hiératique dans sa cape sombre, est prisonnier de ses propres adjoints. Zhang Xueliang et les officiers rebelles hésitent entre l'exécution de Jiang Jieshi et le compromis. Grâce à Zhou Enlai, le généralissime sauvera sa peau. Mais l'histoire ne s'arrête pas là. Après l'accord passé entre nationalistes et communistes, le Jeune Maréchal reçoit l'ordre de rejoindre le quartier général de Jiang Jieshi. Ce qu'il fait. Le généralissime le met alors aux arrêts et décide de le garder auprès de lui. Véritable prisonnier ambulant de son chef tyrannique, le Jeune Maréchal ne le quittera plus jusqu'à Taiwan !

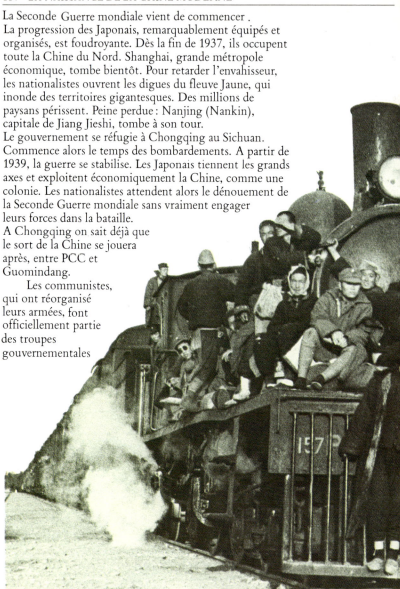

La Seconde Guerre mondiale vient de commencer.
La progression des Japonais, remarquablement équipés et organisés, est foudroyante. Dès la fin de 1937, ils occupent toute la Chine du Nord. Shanghai, grande métropole économique, tombe bientôt. Pour retarder l'envahisseur, les nationalistes ouvrent les digues du fleuve Jaune, qui inonde des territoires gigantesques. Des millions de paysans périssent. Peine perdue : Nanjing (Nankin), capitale de Jiang Jieshi, tombe à son tour.
Le gouvernement se réfugie à Chongqing au Sichuan. Commence alors le temps des bombardements. A partir de 1939, la guerre se stabilise. Les Japonais tiennent les grands axes et exploitent économiquement la Chine, comme une colonie. Les nationalistes attendent alors le dénouement de la Seconde Guerre mondiale sans vraiment engager leurs forces dans la bataille.
A Chongqing on sait déjà que le sort de la Chine se jouera après, entre PCC et Guomindang.

Les communistes, qui ont réorganisé leurs armées, font officiellement partie des troupes gouvernementales chinoises. Leur succès n'est pas spectaculaire, mais leur capacité à s'infiltrer, à obtenir l'appui des paysans, leur sera fort utile. Le travail de résistance doublé d'une propagande antijaponaise très véhémente porte vite ses fruits. Meetings, journaux, affiches, pièces de théâtre, sensibilisent le peuple chinois qui supporte mal la violence ennemie.

Outre l'armée Rouge, les partisans et les milices aident à la résistance. A Yan'an la capitale des communistes par opposition à Chongqing, la capitale des nationalistes, le Parti communiste forme de nombreux cadres dans la fameuse université antijaponaise.

La résistance ne cesse de s'étendre. Du côté nationaliste, l'attentisme ne renforce guère le moral des troupes. La corruption bat son plein. Le généralissime lui-même le reconnaît !

La guerre contre le Japon à peine terminée, les Blancs et les Rouges, en bons frères ennemis, recommencent à s'affronter

La reddition japonaise, en août 1945, après Hiroshima, surprend les uns comme les autres. Malgré les énormes et fantastiques

Malgré la réconciliation provisoire des nationalistes et des communistes, la paix n'est pas revenue en Chine. Les populations subissent la pression des Japonais et se lancent dans des exodes désespérés. L'événement, cette fois, intéresse journalistes et photographes occidentaux. Robert Capa, l'auteur de cette photo, a couvert la guerre d'Espagne. Sa femme y a été tuée. Effondré, il accepte l'offre de Joris Ivens, le cinéaste, de l'accompagner comme assistant. Tous deux donneront une vision de cette Chine déchirée, à la fois par les exactions des seigneurs de la guerre, et par les brutalités des armées japonaises.

Juillet 1937 : les Japonais sont à Pékin

Les troupes ennemies pénètrent dans la Cité interdite. Cette image en dit long sur la volonté de l'envahisseur d'imposer sa loi à son vieux voisin. Même si Beijing (Pékin), qui veut dire la capitale du Nord, ne joue plus son rôle depuis longtemps puisqu'elle a été remplacée par Nanjing (Nankin, la capitale du Sud) et, depuis la guerre, par Chongqing, à l'Ouest, la vieille capitale reste le symbole de l'ancienne puissance chinoise.
Et c'est précisément ce symbole que les Japonais veulent abattre. Ce grand frère, auquel leur civilisation doit beaucoup, se trouve depuis la fin du XIXe siècle en état de faiblesse. Et c'est justement à la période la plus sombre, au moment où la Chine est anéantie par ses dissensions, par la guerre civile, par l'absence d'un pouvoir central fort, que les Japonais qui, eux, ont modernisé leur pays et choisi d'étendre leur impérialisme sur toute l'Asie, osent lancer leur attaque.

Août 1937 : Shanghai tombe à son tour

Les Japonais s'attachent surtout à occuper les grands centres économiques de la Chine et les régions les plus riches en matières premières, comme la Mandchourie qu'ils ont envahie dès le début des années 30. Pour les impérialistes nippons, la Chine colonisée doit devenir à la fois le grenier de l'empire du Soleil-Levant et l'un de ses tout premiers clients.

La Chine ravagée

Certains combats entre armées chinoise et japonaise sont très violents, notamment en 1937-1938, mais il y aura en fait peu de vraies batailles. Jiang Jieshi préfère ne pas engager le gros de ses troupes et les communistes choisissent de n'affronter l'ennemi que dans des opérations de guérilla, plus efficaces à leurs yeux. En revanche, les populations civiles sont impitoyablement traitées. Pénétrant dans Nanjing en décembre 1937, les Japonais se livrent à un effroyable carnage. En six semaines, 200000 personnes sont exterminées.

L'héroïsme des hommes de Mao

Contre les Japonais, les communistes appliquent les recettes qui leur ont réussi naguère contre les nationalistes. Ils mènent des actions de guérilla, harcèlent l'envahisseur et s'attaquent à des unités isolées. Les actes de sabotage se multiplient. Les communistes s'ingénient à couper les lignes de communication de l'ennemi : c'est la tactique des «mille coups d'épingle». Ils arrachent les rails de chemin de fer, font sauter les trains et les véhicules à moteur, attirent les Japonais dans des guets-apens. C'est à cette époque que Mao Zedong écrit quelques-uns de ses textes les plus importants, notamment en 1938, les *Questions de stratégie dans la guerre des partisans contre le Japon.*

124 LA NAISSANCE DE LA CHINE MODERNE

progrès du PCC – il a plus que décuplé ses forces en quelques années : 1 200 000 adhérents et des millions de sympathisants chez les paysans, les ouvriers, les intellectuels –, les observateurs sont persuadés que Jiang Jieshi, soutenu par les Américains, va reprendre facilement le pouvoir après avoir écrasé ceux qui sont redevenus les «ennemis de l'intérieur». Une négociation a bien lieu entre les deux chefs en 1945. Elle s'est vite soldée par un échec.

Une fois encore, le rapport des forces est disproportionné : 4 300 000 hommes du côté des Blancs, 1 200 000 chez les Rouges. En mars 1947, Yan'an, la capitale communiste, tombe même aux mains de Jiang Jieshi.

En fait, on se rendra vite compte que les armées nationalistes se sont trop dispersées et les communistes auront beau jeu de contre-attaquer. Les forces blanches fondent de mois en mois. Les erreurs commises, l'absence de direction contrastent avec l'unité des communistes, la connaissance du terrain et surtout l'esprit offensif. Dès le début de 1949, Pékin tombe aux mains des Rouges. En moins d'un an,

Avec ses compagnons, Mao vient d'écrire les pages les plus importantes de l'histoire de la Chine moderne. Mais le plus dur reste à faire, gouverner le pays le plus peuplé au monde.

l'ensemble du territoire passe sous le contrôle des communistes avec l'aide et le soutien des populations civiles. Les troupes de Mao et de Zhu De refont une longue marche, plus triomphale que la première. Les nationalistes, qui se réfugient d'abord à Guangzhou (Canton) puis à Chongqing, s'établissent finalement à Taiwan (Formose).

Les cris de Jiang Jieshi, entouré de sa femme et de «conseillers américains», se sont évanouis depuis longtemps. Le temps n'est pas loin où Taiwan reviendra à la Chine. Comme Hong-kong.

FIN DE RÈGNE POUR JIANG JIESHI 125

Le 1er octobre 1949, Mao Zedong proclame l'avènement de la république populaire de Chine

Ainsi s'achève une guerre civile qui dure depuis plus de vingt ans. Un fils de paysan prend la tête de l'État le plus peuplé du monde.

Avec l'appui des paysans et de tout le petit peuple de Chine, les communistes ont remporté des victoires éclatantes. Mais aucune n'aura jamais la valeur de la Longue Marche. Sans la Longue Marche, sans cet extraordinaire déplacement, du sud au nord du pays, l'histoire de la Chine n'aurait probablement pas suivi le même cours.

Dès la fin de 1935, Mao Zedong a tiré la leçon de cet exploit unique. « A propos de la Longue Marche, d'aucuns posent la question : quelle est sa signification ? Nous répondons que la Longue Marche est la première de ce genre dans les annales de l'histoire. Elle est à la fois un manifeste, un instrument de propagande et une machine à semer. Depuis Pan Gu, qui sépara le ciel et la terre, depuis les trois souverains et les cinq empereurs, l'histoire a-t-elle jamais connu une longue marche comme la nôtre ? Pendant douze mois, dans le ciel, des dizaines d'avions nous traquaient et nous bombardaient chaque jour ; sur terre, une force de plusieurs centaines de milliers d'hommes nous encerclait, nous poursuivait, s'opposait à notre avance et nous arrêtait au passage ; sur notre chemin, nous nous sommes heurtés à des difficultés et à des dangers incalculables. Cependant, en nous servant seulement de nos deux jambes, nous avons fait plus de 20 000 *li*, traversant en long et en large onze provinces. Dites-moi, est-ce que dans l'histoire il y a jamais eu une longue marche comme la nôtre ? Non jamais.

« La Longue Marche est un manifeste. Elle a annoncé au monde entier que l'armée Rouge est une armée de héros, que les impérialistes et leurs valets, Jiang Jieshi et ses semblables, ne sont bons à rien. Elle a proclamé la faillite de l'impérialisme et de Jiang Jieshi dans leur tentative de nous encercler, de nous poursuivre, de s'opposer à notre avance et de nous arrêter au passage. La Longue Marche est un instrument de propagande. Elle a fait savoir aux quelque 200 millions d'habitants des onze provinces traversées que la voie suivie par l'armée Rouge est la seule voie de leur libération. Sans cette Longue

Pékin, le 1er octobre 1949. Le président Mao s'adresse à la foule rassemblée place Tien Anmen. Derrière lui : Zhou Enlai, Zhu De, Liu Shaoqi, et une femme, la veuve de Sun Yixian, Song Jingling, qui sera longtemps la caution « démocratique » du régime ; à côté, un religieux symbolise, lui aussi, l'unité de la future république. Mais l'histoire se chargera vite de faire éclater cette soi-disant unité.

LA PLUS GRANDE RÉPUBLIQUE DU MONDE

Marche, comment les larges masses populaires auraient-elles pu apprendre aussi rapidement l'existence de la grande vérité incarnée par l'armée Rouge ? La Longue Marche est aussi une machine à semer. Elle a répandu dans les onze provinces des semences qui germeront, porteront des feuilles, des fleurs et des fruits et qui donneront leur moisson d'avenir. »

Mao, Zhou Enlai et Zhu De sont morts, mais les dirigeants actuels de la Chine sont encore des anciens de la Longue Marche

Un demi-siècle s'est presque écoulé : les jeunes Chinois ont un peu oublié l'héroïsme de leurs pères et de leurs grands-pères. Mais les faits sont là : la plupart des dirigeants actuels de la république populaire de Chine ont participé à la Longue Marche. Au premier rang des anciens, Deng Xiaoping, l'homme qui dirige le pays. Peut-être faudra-t-il attendre l'extinction de tous les vétérans de la Longue Marche pour voir apparaître une autre Chine. Sans héroïsme, sans épreuve ; la Chine de l'an 2000 ?

Depuis 1949, la république populaire de Chine a connu des hauts et des bas, des moments chaotiques. Les Chinois ont vécu et souvent subi les Cent Fleurs et ses revers, le Grand Bond en avant et ses soubresauts, la révolution dite culturelle, ses destructions et ses luttes fratricides, et cette fameuse bande des quatre dirigée par la veuve de Mao Zedong qui faillit plonger la Chine dans une nouvelle guerre civile. Aujourd'hui, Deng Xiaoping, malgré son grand âge, tient la barre en essayant de maintenir la cohésion et de préserver les acquis sociaux et économiques du pays le plus peuplé du monde.

TÉMOIGNAGES ET DOCUMENTS

La Chine des derniers empereurs,
la Chine en guerre,
la Chine sous le regard des écrivains occidentaux.

Les Derniers jours de Pékin

Le 27 septembre 1900, Pierre Loti, alors correspondant du Figaro, entre à Pékin avec le corps expéditionnaire français. Fasciné par les palais et les tours, il envoie à son journal un article émerveillé sur le palais abandonné.

La salle qui est là-haut, ouverte aujourd'hui à tous les vents et à tous les oiseaux du ciel, a pour toiture le plus prodigieux amas de faïence jaune qui soit à Pékin et le plus hérissé de monstres, avec des ornements d'angle ayant forme de grandes ailes éployées. Au-dedans, il va sans dire, c'est l'éclat, l'incendie des ors rouges, dont on est toujours obsédé dans les palais de la Chine. A la voûte, qui est d'un dessin inextricable, les dragons se tordent en tous sens, enchevêtrés, enlaçants ; leurs griffes et leurs cornes apparaissent partout, mêlées à des nuages, – et il en est un qui se détache de l'amas, un qui semble prêt à tomber de ce ciel affreux, et tient dans sa gueule pendante une sphère d'or, juste au-dessus du trône. Le trône, en laque rouge et or, est dressé au centre de ce lieu de pénombre, en haut d'une estrade ; deux larges écrans de plumes, emblèmes de la souveraineté, sont placés derrière, au bout de hampes, et tout le long des gradins qui y conduisent sont étagés des

brûle-parfums, ainsi que dans les pagodes aux pieds des dieux.

Comme les avenues que je viens de suivre, comme les séries de ponts et comme les triples portes, ce trône est dans l'axe même de Pékin, dont il représentait l'âme; n'étaient toutes ces murailles, toutes ces enceintes, l'Empereur assis là, sur ce piédestal de marbre et de laque, aurait pu plonger son regard jusqu'aux extrémités de la ville, jusqu'à la dernière percée de remparts donnant au-dehors; les souverains tributaires qui lui venaient, les ambassades, les armées, dès leur entrée dans Pékin par la porte du Sud, étaient, pour ainsi dire, sous le feu de ses yeux invisibles...

Par terre, un épais tapis impérial jaune d'or reproduit, en dessins qui s'effacent, la bataille des chimères, le cauchemar sculpté aux plafonds; c'est un tapis d'une seule pièce, un tapis immense, de laine si haute et si drue que les pas s'y assourdissent comme sur l'herbe d'une pelouse; mais il est tout déchiré, tout mangé aux vers, avec, par endroits, des tas de fiente grisâtre, – car les pies, les pigeons, les corbeaux ont ici des nids dans les ciselures de la voûte, et, dès que j'arrive, la sonorité lugubre de ce lieu s'emplit d'un bourdonnement de vols effarés, en haut, tout en haut, contre les poutres étincelantes et semi-obscures, parmi l'or des dragons et l'or des nuages.

Pour nous, barbares non initiés, l'incompréhensible de ce palais, c'est qu'il y a trois de ces salles, identiquement semblables, avec leur même trône, leur même tapis, leurs mêmes ornements aux mêmes places; elles se succèdent à la file, toujours dans l'axe absolu des quatre villes murées dont l'ensemble forme Pékin; elles se succèdent précédées des pareilles grandes cours de marbre, et construites sur les pareilles terrasses de marbre; on y monte par les pareils escaliers, les pareils sentiers impériaux. Et partout, même abandon, même envahissement par l'herbe et les broussailles, même délabrement de vieux cimetière, même silence sonore où l'on entend les corbeaux croasser.

Pourquoi trois? puisque forcément l'une doit masquer les deux autres, et puisqu'il faut, pour passer de la première à la seconde, ou de la seconde à la troisième, redescendre chaque fois au fond d'une vaste cour triste et sans vue, redescendre et puis remonter, entre les amoncellements des marbres couleur d'ivoire, superbes, mais si monotones et oppressifs!

Il doit y avoir à ce nombre trois quelque raison mystérieuse, et, sur nos imaginations déroutées, cette répétition produit un effet analogue à celui des trois sanctuaires pareils et des trois cours pareilles, dans le grand temple des Lamas...

J'avais déjà vu les appartements particuliers du jeune Empereur. Ceux de l'Impératrice – car elle avait ses appartements ici, dans la « Ville violette », outre les palais frêles que sa fantaisie avait disséminés dans les parcs de la « Ville jaune » – ceux de l'Impératrice ont moins de mélancolie et surtout ne sont pas crépusculaires. Des salles et des salles, toutes pareilles, vitrées de grandes glaces et couronnées toujours d'une somptueuse toiture d'émail jaune; chacune a son perron de marbre, gardé par deux lions tout ruisselants d'or; et les jardinets qui les séparent sont encombrés d'ornements de bronze, grandes bêtes héraldiques, phénix élancés, ou monstres accroupis.

A l'intérieur, des soies jaunes, des fauteuils carrés, de cette forme qui est consacrée par les âges et immuable comme la Chine. Sur les bahuts, sur les tables, quantité d'objets précieux sont placés dans de petites guérites de verre, à cause de la poussière perpétuelle de Pékin, − et cela donne à ces choses la tristesse des momies, cela jette dans les appartements une froideur de musée. Beaucoup de bouquets artificiels, de chimériques fleurs aux nuances neutres, en ambre, en jade, en agate, en pierre de lune...

Le grand luxe inimitable de ces salles de palais, c'est toujours cette suite d'arceaux d'ébène, fouillés à jour, qui semblent d'épaisses charmilles de feuillages noirs. Dans quelles forêts lointaines ont poussé de tels ébéniers, permettant de créer d'un seul bloc chacune de ces charmilles mortuaires? Et au moyen de quels ciseaux et avec quelle patience a-t-on pu ainsi, en plein bois, jusqu'au cœur même de l'arbre, aller sculpter chaque tige et chaque feuille de ces bambous légers, ou chaque aiguille fine de ces cèdres, − et encore détailler là-dedans des papillons et des oiseaux?

Derrière la chambre à coucher de l'Impératrice, une sorte d'oratoire sombre est rempli de divinités bouddhiques sur des autels. Il y reste encore une senteur exquise, laissée par la femme élégante et galante, par la vieille belle qu'était cette souveraine. Parmi ces dieux, un petit personnage de bois très ancien, tout fané, tout usé et dont l'or ne brille plus, porte au cou un collier de perles fines, − et devant lui une gerbe de fleurs se dessèche; dernières offrandes, me dit l'un des eunuques gardiens, faites par l'Impératrice, pendant la minute suprême avant sa fuite de la « Ville violette », à ce vieux petit bouddha qui était son fétiche favori.

J'aurai traversé aujourd'hui ce repaire en sens inverse de mon pèlerinage du premier jour.

Et, pour sortir, je dois donc passer maintenant dans les quartiers où tout est muré et remuré, portes barricadées et gardées par de plus en plus horribles monstres... Les princesses cachées, les trésors, est-ce par ici?... Toujours la même couleur sanglante aux murailles, les mêmes faïences jaunes aux toitures, et, plus que jamais, les cornes, les griffes, les formes cruelles, les rires d'hyène, les dents dégainées, les yeux louches; les moindres choses, jusqu'aux verrous, jusqu'aux heurtoirs, affectant des traits de visage pour grimacer la haine et la mort.

Et tout s'en va de vétusté, les dalles par terre sont mangées d'usure, les bois de ces portes si verrouillées tombent en poussière. Il y a de vieilles cours d'ombre, abandonnées à des serviteurs centenaires en barbiche blanche qui y ont bâti des cabanes de pauvre et qui y vivent comme des reclus, s'occupant à élever des pies savantes ou à cultiver de maladives fleurs dans des potiches, devant le rictus éternel des bêtes de marbre et de bronze. Aucun préau de cloître, aucun couloir de maison cellulaire n'arriverait à la tristesse de ces petites cours trop encloses et trop sourdes, sur lesquelles, pendant des siècles, sans contrôle, pesa le caprice ombrageux des empereurs chinois. La sentence inexorable y semblerait à sa place: *Ceux qui sont entrés doivent abandonner l'espérance*; à mesure que l'on va, les passages se compliquent et se resserrent; on se dit qu'on ne s'en échappera plus, que les grosses serrures de tant de portes ne pourront plus s'ouvrir, ou bien que des parois vont se rapprocher jusqu'à vous étreindre...

A l'origine le palais de l'empereur était une image, un raccourci de l'empire. En cette fin de règne, ce n'est plus que le symbole d'un isolement absolu.

Me voici pourtant presque dehors, sorti de l'enceinte intérieure, par des battants massifs qui vite se referment sur mes pas. Je suis pris maintenant entre le second et le premier rempart, l'un aussi farouche que l'autre ; je suis dans le chemin de ronde qui fait le tour de cette ville, espèce de couloir d'angoisse, infiniment long, entre les deux murailles rouge sombre qui dans le lointain ont l'air de se rejoindre ; il y traîne quelques débris humains, quelques loques ayant été des vêtements de soldats ; on y voit aussi deux ou trois corbeaux sautiller, et il s'y promène un chien mangeur de cadavres.

Quand enfin tombent devant moi les madriers qui barricadent la porte extérieure – (la porte confiée aux Japonais), – je retrouve, comme au réveil d'un rêve étouffant, le parc de la « Ville jaune », l'espace libre, sous les grands cèdres...

Pierre Loti
Les Derniers Jours de Pékin

Les Occidentaux avaient apporté en Chine leur goût de l'ordre et de la discipline.

Comme si on partait à la chasse, on pose pour la photographie de groupe.

TÉMOIGNAGES ET DOCUMENTS 135

Le contraste avec les bataillons purement chinois n'en était que plus fort, aux yeux des observateurs occidentaux.

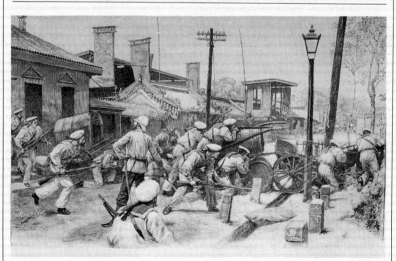

Dès les premiers engagements, le combat de rues oblige les militaires conventionnels à improviser.

L'expédition de Chine : le départ de Gênes du *Preussen* portant les troupes allemandes.

TÉMOIGNAGES ET DOCUMENTS

La porte d'entrée de la légation de France, le 20 juin 1900.

La même porte, le 15 août 1900.

Les derniers empereurs

Dans un Pékin encore dominé par la puissance mandchoue, le narrateur rencontre René Leys, un jeune homme européen bien mystérieux...
Le roman est une suite de rêves et de découvertes de la ville impériale dans lesquels René Leys apparaît, au gré de l'auteur, Victor Segalen.

D'instinct, me voici face à Tong-Houa-men, la Porte de l'Orient Fleuri, – jamais vue encore à cette heure princière... encombrée de chars à mules, de valets, d'eunuques et d'officiers en tenue de cérémonie : le chapeau d'été, le chapeau conique de paille à la queue de crin rouge, que l'on coiffe par ordre aujourd'hui. Par-dessus tout, la masse ventrue dans ses lignes inclinées, le flanc violet à lèpres grises du mur, percé de la porte coiffée des trois chapes recourbées... Je sais d'instinct que la porte va s'ouvrir.

Elle s'ouvre. Un flot en débouche et me refoule. Je prends poste à l'angle de la grande avenue par lequel il faudra bien que le cortège tourne. La garde, échelonnée de dix pas en dix pas, ose à peine écarter l'Européen que je suis. On voudrait bien me faire descendre de cheval. Je descends. On me laisse libre ; et, simplement, au moyen de quelques coups de coude polis, on accepte ma présence au premier rang, et je vais voir...

Je vais bien voir. C'est l'heure de la sortie du Grand Conseil, tenu chaque jour avant l'aube, logiquement, afin de régler par avance de quoi sera fait ce jour-ci. Le Régent sort le premier pour regagner ses maisons privées. La porte s'ouvre : voilà son escorte, à toute allure, droit sur moi : d'abord des ambleurs mongols, portant en vedette des étendards... puis, un extraordinaire cavalier, jeune et rond, brun de visage, trapu et vif, serrant fortement de ses courtes jambes la selle haute très arçonnée, la selle chinoise qui le juche bien plus haut que l'échine de son cheval... Un œil étincelant qui fouille à la fois la rue et les passants... Dans un éclair, voilà toute la chevauchée tartare conquérante, aux prises, il y a deux cent quarante ans, avec la Chine soumise...

Ces Mandchous, durs et mobiles, à la tresse longue, servant à lier les paquetages au-dessus du front, pour la traversée des fleuves à la remorque de la queue de leurs chevaux... Le fait est là ! Ce sont les conquérants, et depuis, par centaines de millions, les Chinois se rasent le front et tressent leurs cheveux en natte... sans jamais passer une rivière.

Le conquérant, comme les autres, en un clin d'œil, a passé la rue. Et toute la Mandchourie chevauche et semble détaler avec lui.

Toute... jusqu'à la déplorable voiture de gala européenne où j'aperçois derrière les vitres le Prince Tch'ouen : Lui, fils du Septième Prince et Régent de l'Empire, il a choisi la mode européenne ! – Déjà ! – Et ce sont deux grands trotteurs russes qui l'emmènent, à bonne allure, je dois le reconnaître...!

Il va passer, après un autre tournant ou deux, sur le pont de Heou-men, le pont de l'attentat. Je puis donc sauter à cheval. Je suivrai au trot ou au petit galop dans les allées latérales de ces voies larges de Pei-king... Je vais...

Mais, derrière la voiture du Régent, une curieuse figure de jeune officier mandchou m'arrête net au montoir. Mince, le nez un peu fort, de beaux yeux sombres... – Je jurerais reconnaître René Leys en personne... si mon serment à ce propos n'était parfaitement ridicule.... Le cavalier passe à toute allure et se perd au milieu des autres. Mais cet excellent René Leys sera bien amusé quand je lui avouerai innocemment lui avoir trouvé un « sosie » dans la Garde Impériale !

Comme une ruche exotique, Pékin renferme le palais du Milieu, au sein d'un labyrinthe onirique.

Et, sous mes yeux, entre mes deux mains écartées de ce qui est à peine une envergure d'homme, je vois, je déroule, j'étale, je tiens et je possède, pour un peu d'argent, la figuration plane de cette ville, de la capitale et de ce qu'elle enferme... Pei-king.

C'est une figure inoubliable quand on l'a, non pas vue, mais habitée. Un Carré posé sur un Rectangle. Celui-ci, le socle, sans plus, est déformé, non accompli ; sa muraille de droite, son mur oriental est contourné, et hésite. C'est la ville chinoise, ou plutôt le lieu des mercantis enveloppant, happant et dévorant comme des fourmis... Ce terrain sud et large serait à déblayer, s'il ne contenait pas, comme un *faubourg*, ainsi qu'il sied, les deux temples du Ciel et de l'Agriculture, enfermés à droite et à gauche, au long de sa muraille sud, pendus à la grande voie vertébrale.

Ce faubourg communique avec la Ville Carrée, la Ville Tartare, par trois portes.

Celle de l'ouest, je n'ai jamais de raison de la prendre. Celle de l'est, Ha-ta-men, au contraire, me livre passage vers toute la campagne... je la connais trop bien : c'est ma porte, mon échappée.

L'autre, celle du milieu, est Ts'ien-men. Rien de plus à dire. La légende est close.

Au nord de la Ville Chinoise se campe la Ville Tartare, celle que j'habite, en conquérant, mais discrètement, dans son coin de droite et en bas. Carrée, ou presque (il a fallu les agents voyers européens pour prouver que ses quatre côtés différaient) elle hausse ses murailles à trente pieds au-dessus de la plaine... C'est mon vrai domaine. C'est mon bien : je possède un carré minuscule entre l'Observatoire classique, dont les Jésuites de ma race ont fondu les bronzes, et le K'iao-leou, le Pavillon d'angle d'où la citadelle domine au loin la campagne planie comme une mer calme, la mer alluvionnaire de la plaine... Puis, enfermée dans la Ville Tartare, la Ville Impériale, qu'un mauvais jeu de mots, celui-là intraduisible en français, sur le caractère «Houang», laisse appeler souvent la «Ville Jaune». – C'est un rempart de plus, mais bossué vers l'ouest. Enfin le troisième rectangle inscrit que l'on peut peindre d'une belle couleur violette, par convention – car tous ses toits sont du plus beau jaune, le Palais.

Je l'encercle, je le domine; j'équarris mon œil à sa forme; je le comprends. Les bâtiments, les cours, les espaces, les Palais du Palais sont là, schématiques et symétriques comme des alvéoles, non pas pentagones, mais rectangulaires; l'esprit est le même: la ruche a travaillé dans la cire pour un seul de ses habitants, – une seule, la Femelle, la Reine. Quatre cents millions d'hommes, ici à l'entour, pas plus différents entre eux que les travailleuses de la ruche, ont aggloméré ceci: des cases d'échiquiers, des formes droites et dures, des cellules dont l'image géométrique – sauf la profondeur angulaire des toits – n'est pas autre que le «parallélépipède» rectangle! Mais, protégé, abrité, défendu contre les incursions barbares... en l'honneur du seul habitant mâle de ces Palais, – Lui, l'Empereur. Et tout ceci, – métempsycose ou parabole, – projeté sur le papier de ce plan, sans un repère, sans une directive autre que le grand axe du sud au nord qui, perforant le Palais et les portes, vient buter logiquement et finir précisément au «Tchong-Kao», au «Palais du Milieu» qui, sur ce papier, barre la route...

Rien de plus que cette indication du centre... Mais, pratiquement, je ne sais m'y reconnaître.

Mais nous sommes en novembre 1911 et l'histoire reprend ses droits. On parle de révoltes, de révolution, et le Grand Empire va s'écrouler.

11 octobre 1911. – Fait divers, dans le Journal Pékinois: «Révolte dans la province du Hou-Pei: la Xe division, casernée à Wou-t'chang, vient de brûler le Yamen du Vice-Roi. Le Vice-Roi, comme il sied, est en fuite. Les révoltés se sont rendus maîtres de l'artillerie et bombardent les forts de Han-Yang. On commence à s'inquiéter dans les concessions européennes de Han K'eou...»

Ces trois villes, ou plutôt, cette «Triple Cité», beaucoup trop célèbre en Europe par cette qualité de centre ombilical de la Chine que lui confèrent, avec huit millions gratuits d'habitants, les «anticipations» de Wells, – ces trois villes sont, en effet, qu'on le veuille ou non, des localités à prendre en considération dans la politique chinoise. Et d'ailleurs, la révolte est du type «militaire», avec fusils à chargeurs et artillerie... Beaucoup plus grave encore que le mot historique: ceci est une révolution!

Il ne peut y avoir «révolution» en Chine: à peine une rébellion! (...)

10 novembre 1911. – Oh! du nouveau enfin, parmi la caste mandchoue! Maître Wang, disparu depuis deux mois – de vacances policières – me revient, parlant à voix basse, sa bonne figure énergiquement effrayée: on a, paraît-il, une peur extraordinaire au Palais. On ne sait pas exactement de quoi, et s'il

TÉMOIGNAGES ET DOCUMENTS 141

Au centre du palais impérial, comme la reine des abeilles, la reine chinoise est enfermée, figée, immobile : elle est la statue à peine vivante de sa propre divinité.

faut craindre que Sun-Yat-sen ne remonte tout à coup le canal Impérial de Hang-tcheou à Tien-tsin à bord d'un vaisseau de guerre japonais ; ou bien qu'un perpétuel descendant des Ming ne se fasse sacrer empereur à Nan-king. On craint que la Mongolie n'aille porter ses tribus en Russie, que les Français ne divisent le Yun-nan en départements, et que les fleuves gelés dans le nord ne se mettent à fondre ! On a vu des signes dans le ciel : un dragon sans tête coiffé d'un chapeau de feutre noir, de la forme du melon d'eau, et une tortue jaune écorcée revêtant un complet européen. Alors, les mesures traditionnelles commencent : on a payé deux mois de solde en retard à la Garde Impériale ; on a licencié trois cents eunuques ; la Princesse Épouse du Régent boucle ses paquets et veut fuir ; elle ne sait point vers où : à Jehol dans les montagnes-nord, sans doute. C'est l'abri familial dans tous les cas de grande débâcle.

Victor Segalen,
René Leys

142 TÉMOIGNAGES ET DOCUMENTS

La Condition humaine

En 1933, Malraux fait de la révolution chinoise le sujet de l'un de ses romans les plus célèbres. A Shanghaï la révolution éclate, triomphe, mais oppose les vainqueurs. Malgré quelques luttes communes, le Guomidang de Jiang Jieshi (Tchang-Kaï-Chek) et ses anciens alliés communistes sont engagés dans une lutte à mort. Les hommes ne comptent pas, quoi qu'ils en disent eux-mêmes.

Ainsi, Tchen va donner sa vie dans l'espoir de prendre celle du chef des ennemis, Chang-Kaï-Shek. Par un geste terroriste désespéré, il entreprend de se jeter sous la voiture du général, armé d'une bombe. Mais Chang-Kaï-Shek n'est pas au rendez-vous...

10 heures et demie.

«Pourvu que l'auto ne tarde plus», pensa Tchen. Dans l'obscurité complète, il n'eût pas été aussi sûr de son coup, et les derniers réverbères allaient bientôt s'éteindre. La nuit désolée de la Chine des rizières et des marais avait gagné l'avenue presque abandonnée. Les lumières troubles des villes de brume qui passaient par les fentes des volets entrouverts, à travers les vitres bouchées, s'éteignaient une à une : les derniers reflets s'accrochaient aux rails mouillés, aux isolateurs du télégraphe ; ils s'affaiblissaient de minute en minute ; bientôt Tchen ne les vit plus que sur les pancartes verticales couvertes de caractères dorés. Cette nuit de brume était sa dernière nuit, et il en était satisfait. Il allait sauter avec la voiture, dans un éclair en boule qui illuminerait une seconde cette avenue hideuse et couvrirait un mur d'une gerbe de sang. La plus vieille légende chinoise s'imposa à lui : les hommes sont la vermine de la terre. Il fallait que le terrorisme devînt une mystique. Solitude, d'abord : que le terroriste décidât seul, exécutât seul ; toute la force de la police est dans la délation ; le meurtrier qui agit seul ne risque pas de se dénoncer lui-même. Solitude dernière, car il est difficile à celui qui vit hors du monde de ne pas rechercher les siens. Tchen connaissait les objections opposées au terrorisme : répression policière contre les ouvriers, appel au fascisme. La répression ne pourrait être plus violente, le fascisme plus évident. Et peut-être Kyo et lui ne pensaient-ils pas pour les mêmes hommes. Il ne s'agissait pas de maintenir dans leur classe, pour la délivrer, les meilleurs des hommes écrasés, mais de donner un sens à leur écrasement même : que chacun s'instituât responsable et juge de la vie d'un maître. Donner un sens immédiat à l'individu sans espoir et multiplier les attentats, non par une organisation, mais par une idée : faire renaître des martyrs. Peï, écrivant, serait écouté parce que lui, Tchen, allait mourir : il savait de quel poids pèse sur toute pensée le sang versé pour elle. Tout ce qui n'était pas son geste résolu se décomposait dans la nuit derrière laquelle restait embusquée cette automobile qui arriverait bientôt.

La brume, nourrie par la fumée des navires, détruisait peu à peu au fond de l'avenue les trottoirs pas encore vides : des passants affairés y marchaient l'un derrière l'autre, se dépassant rarement, comme si la guerre eût imposé à la ville un ordre tout-puissant. Le silence général de leur marche rendait leur agitation presque fantastique. Ils ne portaient pas de paquets, d'éventaires, ne poussaient pas de petites voitures ; cette nuit, il semblait que leur activité n'eût aucun but. Tchen regardait toutes ces ombres qui coulaient sans bruit vers le fleuve, d'un mouvement inexplicable et constant ; n'était-ce pas le Destin même, cette force qui les poussait vers le fond de l'avenue où l'arc allumé d'enseignes à peine visibles devant les ténèbres du fleuve semblait les portes mêmes de la mort ? Enfoncés en perspectives troubles, les énormes caractères se perdaient dans ce monde tragique et flou comme dans les siècles ; et, de même que si elle fût venue, elle

aussi, non de l'état-major mais des temps bouddhiques, la trompe militaire de l'auto de Chang-Kaï-Shek commença à retentir sourdement au fond de la chaussée presque déserte. Tchen serra la bombe sous son bras avec reconnaissance. Les phares seuls sortaient de la brume. Presque aussitôt, précédée de la Ford de garde, la voiture entière en jaillit ; une fois de plus il sembla à Tchen qu'elle avançait extraordinairement vite. Trois pousses obstruèrent soudain la rue, et les deux autos ralentirent. Il essaya de retrouver le contrôle de sa respiration. Déjà l'embarras était dispersé. La Ford passa, l'auto arrivait : une grosse voiture américaine flanquée de deux policiers accrochés à ses marchepieds ; elle donnait une telle impression de force que Tchen sentit que, s'il n'avançait pas, s'il attendait, il s'en écarterait malgré lui. Il prit la bombe par l'anse comme une bouteille de lait. L'auto du général était à cinq mètres, énorme. Il courut vers elle avec une joie d'extatique, se jeta dessus, les yeux fermés.

Il revint à lui quelques secondes plus tard : il n'avait ni senti ni entendu le craquement d'os qu'il attendait, il avait sombré dans un globe éblouissant. Plus de veste. De sa main droite il tenait un morceau de capot plein de boue ou de sang. A quelques mètres un amas de débris rouges, une surface de verre pilé où brillait un dernier reflet de lumière, des... déjà il ne distinguait plus rien : il prenait conscience de la douleur, qui fut en moins d'une seconde au-delà de la conscience. Il ne voyait plus clair. Il sentait pourtant que la place était encore déserte ; les policiers craignaient-ils une seconde bombe ? Il souffrait de toute sa chair, d'une souffrance pas même localisable : il n'était plus que souffrance. On

La revue *Marianne*, célébrant en décembre 1933 les prix littéraires de l'année, fait la part belle au Goncourt tout neuf obtenu par Malraux pour *la Condition Humaine*.

s'approchait. Il se souvint qu'il devait prendre son revolver. Il tenta d'atteindre sa poche de pantalon. Plus de poche, plus de pantalon, plus de jambe : de la chair hachée. L'autre revolver, dans la poche de sa chemise. Le bouton avait sauté. Il saisit l'arme par le canon, la retourna sans savoir comment, tira d'instinct le cran d'arrêt avec son pouce. Il ouvrit enfin les yeux. Tout tournait, d'une façon lente et invincible, selon un très grand cercle, et pourtant rien n'existait que la douleur. Un policier était tout près. Tchen voulut demander si Chang-Kaï-Shek était mort, mais il voulait cela dans un autre monde ; dans ce monde-ci, cette mort même lui était indifférente.

De toute sa force, le policier le retourna d'un coup de pied dans les côtes. Tchen hurla, tira en avant, au hasard, et la secousse rendit plus intense encore cette douleur qu'il croyait sans fond. Il allait s'évanouir ou mourir. Il fit le plus terrible effort de sa vie, parvint à introduire dans sa bouche le canon du revolver. Prévoyant la nouvelle secousse, plus douloureuse encore que la précédente, il ne bougeait plus. Un furieux coup de talon d'un autre policier crispa tous ses muscles : il tira sans s'en apercevoir.

C'est maintenant l'échec des communistes devant l'armée du Kuomintang. Katow, le révolutionnaire exemplaire qui a connu l'année 17 en Russie, est incarcéré avec Kyo-Gisors, l'un des organisateurs du mouvement. On sait qu'ils sont tous condamnés à être brûlés vifs dans les chaudières des locomotives arrêtées tout près de là. Katow donne alors une partie du cyanure dont il dispose à Kyo, pour lui éviter une mort atroce. Mais il ira plus loin dans le terrible héroïsme qu'il s'est imposé...

Il tenait maintenant le cyanure dans sa main. Il s'était souvent demandé s'il mourrait facilement. Il savait que, s'il décidait de se tuer, il se tuerait ; mais, connaissant la sauvage indifférence avec quoi la vie nous démasque à nous-mêmes, il n'avait pas été sans inquiétude sur l'instant où la mort écraserait sa pensée de toute sa pesée sans retour.

Non, mourir pouvait être un acte exalté, la suprême expression d'une vie à quoi cette mort ressemblait tant ; et c'était échapper à ces deux soldats qui s'approchaient en hésitant. Il écrasa le poison entre ses dents comme il eût commandé, entendit encore Katow l'interroger avec angoisse et le toucher, et, au moment où il voulait se raccrocher à lui, suffoquant, il sentit toutes ses forces le dépasser, écartelées au-delà de lui-même contre une toute-puissante convulsion.

Les soldats venaient chercher dans la foule deux prisonniers qui ne pouvaient se lever. Sans doute d'être brûlé vif donnait-il droit à des honneurs spéciaux, quoique limités : transportés sur un seul brancard, l'un sur l'autre ou presque, ils furent déversés à la gauche de Katow ; Kyo mort était couché à sa droite. Dans l'espace vide qui les séparait de ceux qui n'étaient condamnés qu'à mort, les soldats s'accroupirent auprès de leur fanal. Peu à peu têtes et regards retombèrent dans la nuit, ne revinrent plus que rarement à cette lumière qui au fond de la salle marquait la place des condamnés.

Katow, depuis la mort de Kyo, – qui avait haleté une minute au moins – se sentait rejeté à une solitude d'autant plus forte et douloureuse qu'il était entouré des siens. Le Chinois qu'il avait fallu emporter pour le tuer, secoué par la crise de nerfs, l'obsédait. Et pourtant il trouvait dans cet abandon total la sensation du repos, comme si, depuis des années, il eût attendu cela ; repos rencontré, retrouvé, aux pires instants de sa vie. Où avait-il lu : « Ce n'étaient pas les découvertes, mais les souffrances des explorateurs que j'enviais, qui m'attiraient... » Comme pour répondre à sa pensée, pour la troisième fois le sifflet lointain parvint jusqu'à la salle. Ses deux voisins de gauche sursautèrent. Des Chinois très jeunes : l'un était Souen, qu'il ne connaissait que pour avoir combattu avec lui à la Permanence ; le second, inconnu. (Ce n'était pas Peï.) Pourquoi n'étaient-ils pas avec les autres ?

– Organisation de groupes de combat ? demanda-t-il.

– Attentat contre Chang-Kaï-Shek, répondit Souen.

– Avec Tchen ?

– Non. Il a voulu lancer sa bombe tout seul. Chang n'était pas dans la voiture. Moi, j'attendais l'auto beaucoup plus loin. J'ai été pris avec la bombe.

La voix qui répondait était si étranglée que Katow regarda attentivement les deux visages : les jeunes gens pleuraient, sans un sanglot. « Y a pas grand-chose à faire avec la parole », pensa Katow. Souen voulut bouger l'épaule et grimaça de douleur – il était blessé aussi au bras.

– Brûlé, dit-il. Être brûlé vif. Les yeux aussi, les yeux, tu comprends...

Son camarade sanglotait maintenant.

– On peut l'être par accident, dit Katow.

Il semblait qu'ils parlassent, non l'un à l'autre, mais à quelque troisième personne invisible.

– Ce n'est pas la même chose.

– Non : c'est moins bien.

– Les yeux aussi, répétait Souen

d'une voix plus basse, les yeux aussi... Chacun des doigts, et le ventre, le ventre...

– Tais-toi ! dit l'autre d'une voix de sourd.

Il eût voulu crier mais ne pouvait plus. Il crispa ses mains tout près des blessures de Souen, dont les muscles se contractèrent.

« La dignité humaine », murmura Katow. [...] Aucun des condamnés ne parlait plus. Au-delà du fanal, dans l'ombre maintenant complète, toujours la rumeur des blessures... Il se rapprocha encore de Souen et de son compagnon. L'un des gardes contait aux autres une histoire : têtes réunies, ils se trouvèrent entre le fanal et les condamnés : ceux-ci ne se voyaient même plus. Malgré la rumeur, malgré tous ces hommes qui avaient combattu comme lui, Katow était seul, seul entre le corps de son ami mort et ses deux compagnons épouvantés, seul entre ce mur et ce sifflet perdu dans la nuit. Mais un homme pouvait être plus fort que cette solitude et même, peut-être, que ce sifflet atroce : la peur luttait en lui contre la plus terrible tentation de sa vie. Il ouvrit à son tour la boucle de sa ceinture. Enfin :

– Hé là, dit-il à voix très basse. Souen, pose ta main sur ma poitrine, et prends dès que je la toucherai : je vais vous donner mon cyanure. Il n'y en a 'bsolument que pour deux.

Il avait renoncé à tout, sauf à dire qu'il n'y en avait que pour deux. Couché sur le côté, il brisa le cyanure en deux. Les gardes masquaient la lumière, qui les entourait d'une auréole trouble ; mais n'allaient-ils pas bouger ? Impossible de voir quoi que ce fût ; ce don de plus que sa vie, Katow le faisait à cette main chaude qui reposait sur lui, pas même à des corps, pas même à des

Succès absolu pour l'œuvre de Malraux. *La Condition humaine* est traduite dans toutes les langues : ci-dessus, l'édition anglaise et l'édition yiddish.

voix. Elle se crispa comme un animal, se sépara de lui aussitôt. Il attendit, tout le corps tendu. Et soudain, il entendit l'une des deux voix :

— C'est perdu. Tombé.

Voix à peine altérée par l'angoisse, comme si une telle catastrophe n'eût pas été possible, comme si tout eût dû s'arranger. Pour Katow aussi, c'était impossible. Une colère sans limites montait en lui mais retombait, combattue par cette impossibilité. Et pourtant ! Avoir donné *cela* pour que cet idiot le perdît !

— Quand ? demanda-t-il.

— Avant mon corps. Pas pu tenir quand Souen l'a passé : je suis aussi blessé à la main.

— Il a fait tomber les deux, dit Souen.

Sans doute cherchaient-ils entre eux. Ils cherchèrent ensuite entre Katow et Souen, sur qui l'autre était probablement presque couché, car Katow, sans rien voir, sentait près de lui la masse de deux corps. Il cherchait lui aussi, s'efforçant de vaincre sa nervosité, de poser sa main à plat, de dix centimètres en dix centimètres, partout où il pouvait atteindre. Leurs mains frôlaient la sienne. Et tout à coup une des deux la prit, la serra, la conserva.

— Même si nous ne trouvons rien... dit une des voix.

Katow, lui aussi, serrait la main, à la limite des larmes, pris par cette pauvre fraternité sans visage, presque sans vraie voix (tous les chuchotements se ressemblent) qui lui était donnée dans cette obscurité contre le plus grand don qu'il eût jamais fait, et qui était peut-être fait en vain. Bien que Souen continuât à chercher, les deux mains restaient unies. L'étreinte devint soudain crispation :

— Voilà.

Ô résurrection !... Mais :

— Tu es sûr que ce ne sont pas des

cailloux ? demanda l'autre.

Il y avait beaucoup de morceaux de plâtre par terre.

– Donne ! dit Katow.

Du bout des doigts, il reconnut les formes.

Il les rendit – les rendit – serra plus fort la main qui cherchait à nouveau la sienne, et attendit, tremblant des épaules, claquant des dents. «Pourvu que le cyanure ne soit pas décomposé, malgré le papier d'argent», pensa-t-il. La main qu'il tenait tordit soudain la sienne, et, comme s'il eût communiqué par elle avec le corps perdu dans l'obscurité, il sentit que celui-ci se tendait. Il enviait cette suffocation convulsive. Presque en même temps, l'autre : un cri étranglé auquel nul ne prit garde. Puis, rien.

Katow se sentit abandonné. Il se retourna sur le ventre et attendit. Le tremblement de ses épaules ne cessait pas.

Au milieu de la nuit, l'officier revint. Dans un chahut d'armes heurtées, six soldats s'approchèrent des condamnés. Tous les prisonniers s'étaient réveillés. Le nouveau fanal, lui aussi, ne montrait que de longues formes confuses – des tombes dans la terre retournée, déjà – et quelques reflets sur des yeux. Katow était parvenu à se dresser. Celui qui commandait l'escorte prit le bras de Kyo, en sentit la raideur, saisit aussitôt Souen ; celui-là aussi était raide. Une rumeur se propageait, des premiers rangs des prisonniers aux derniers. Le chef d'escorte prit par le pied une jambe du premier, puis du second : elles retombèrent, raides. Il appela l'officier. Celui-ci fit les mêmes gestes. Parmi les prisonniers, la rumeur grossissait. L'officier regarda Katow :

– Morts ?

Pourquoi répondre ?

– Isolez les six prisonniers les plus proches !

– Inutile, répondit Katow : c'est moi qui leur ai donné le cyanure.

L'officier hésita :

– Et vous ? demanda-t-il enfin.

– Il n'y en avait que pour deux, répondit Katow avec une joie profonde.

«Je vais recevoir un coup de crosse dans la figure», pensa-t-il.

La rumeur des prisonniers était devenue presque une clameur.

– Marchons, dit seulement l'officier.

André Malraux en 1932.

❝Il y a dans une époque assez peu de lieux où les conditions d'un héroïsme possible se trouvent réunies.**❞**

Katow n'oubliait pas qu'il avait été déjà condamné à mort, qu'il avait vu les mitrailleuses braquées sur lui, les avait entendu tirer... « Dès que je serai dehors, je vais essayer d'en étrangler un, et de laisser mes mains assez longtemps serrées pour qu'ils soient obligés de me tuer. Ils me brûleront, mais mort. »
A l'instant même, un des soldats le prit à bras-le-corps, tandis qu'un autre ramenait ses mains derrière son dos et les attachait. « Les petits auront eu de la veine, pensa-t-il. Allons ! supposons que je sois mort dans un incendie. »
Il commença à marcher. Le silence retomba, comme une trappe, malgré les gémissements. Comme naguère sur le mur blanc, le fanal projeta l'ombre maintenant très noire de Katow sur les grandes fenêtres nocturnes ; il marchait pesamment, d'une jambe sur l'autre, arrêté par ses blessures ; lorsque son balancement se rapprochait du fanal, la silhouette de sa tête se perdait au plafond. Toute l'obscurité de la salle était vivante, et le suivait du regard pas à pas. Le silence était devenu tel que le sol résonnait chaque fois qu'il le touchait lourdement du pied ; toutes les têtes, battant de haut en bas, suivaient le rythme de sa marche, avec amour, avec effroi, avec résignation, comme si, malgré les mouvements semblables, chacun se fût dévoilé en suivant ce départ cahotant. Tous restèrent la tête levée : la porte se refermait.

Un bruit de respirations profondes, le même que celui du sommeil, commença à monter du sol : respirant par le nez, les mâchoires collées par l'angoisse, immobiles maintenant, tous ceux qui n'étaient pas encore morts attendaient le sifflet.

Mourir à Shanghaï

Le journaliste français Albert Londres (1884-1932) préfiguration du Tintin du Lotus bleu, *l'un des premiers à accomplir des reportages internationaux, décrit ici l'occupation de Shanghaï par les Japonais: la ville sera bientôt coupée en deux, entre Japonais et Occidentaux. Des Chinois peu de nouvelles.*

Changhaï, ville américaine anglaise, française, italienne, russe, allemande, japonaise, et, tout de même, un peu chinoise, est un phénomène sans pareil au monde. Un imagier, pour la faire comprendre, devrait la représenter en déesse à vingt têtes et cent quarante-quatre bras, les yeux avides, et les doigts palpant des dollars. C'est là que les Chinois inébranlables et patients surveillaient les achats de leurs compatriotes. Qui achetait ou vendait de la camelote japonaise était aussitôt conduit dans un étroit chemin et son échine répondait de sa trahison. Le Japon envoya un ultimatum en même temps que quelques bateaux. A qui l'adressa-t-il? Lui-même n'en sait trop rien. Au gouvernement? Où l'aurait-il trouvé? Les ministres chinois sont à l'hôpital plus souvent qu'au pouvoir. Quand, par hasard, le bonheur des temps vous met en présence d'un président de l'Exécutif, ledit président s'excuse de son impuissance. Toute responsabilité, d'après lui, devant être prise par un maréchal en congé illimité dans son village natal. Bref, l'ultimatum fut recueilli par le maire du plus grand Changhaï. Ce maire, M. Wu Te Chen, qui en même temps est général, choisit la voie de la sagesse. Que pouvait faire à l'éternelle Chine que les piquets de volontaires en faction devant les magasins fussent renvoyés à leur jeu de dominos?

Les étudiants ne se rangèrent pas à son avis. Ils allèrent conspuer le pauvre maire. Cette manifestation sans doute les épuisa, ces derniers deux jours, en effet, personne ne peut dire les avoir revus dans la rue. Le maire du plus grand Changhaï s'en tint à son point de vue. Le 28 janvier, à sept heures, il donnait satisfaction aux Japonais.

TÉMOIGNAGES ET DOCUMENTS 151

❝ Une masse marchant à une cadence automatique, composée d'hommes petits, aplatis par un casque, bruns, vêtus de bleu noir. **❞**

La journée n'avait pas été sans émoi. Du drame était dans l'air, les concessions s'assuraient déjà contre les événements. Les Français dans la leur, les autres et les Américains dans l'internationale barraient leurs voies avec des chevaux de frise, entouraient leur territoire de barbelés, appelaient leurs volontaires. A quatre heures, les Blancs faisaient placarder un avis déclarant l'« état d'alerte ». La nuit apportait avec elle l'odeur d'une veillée d'armes. Mais sept heures sonnèrent et l'acceptation du maire de Changhaï arriva, par bonheur, juste pour le cocktail.

Les journalistes qui, à 11 h 35 de cette même nuit, promenaient leur insomnie professionnelle dans la partie de la concession internationale attribuée aux Japonais; se souviendront longtemps du spectacle qui, soudain, s'offrit à leurs yeux.

Le ciel était sans clarté, tous les magasins abandonnés. Chapeï – c'est le nom du quartier – était désert, ses rues, ses ruelles, ses impasses, ses culs-de-sac, ses « houtongs », comme l'on dit, n'étaient guère éclairés que par quelques lanternes oubliées.

Un bruit régulier frappant sec sur le sol s'élevait dans la direction des rives

« Les Japonais... avaient débarqué à Tien-Tsin comme on cueille une fleur... »

du Whangpoo. Je regardais. Une masse marchant à une cadence automatique venait dans le fond sur Chapeï; je m'arrêtai. Composée d'hommes petits, aplatis par un casque, bruns, vêtus de bleu noir, la masse, d'un seul bloc, s'avançait baïonnette au fusil. D'autres petits hommes encore, plus secs, plus mécaniques, la flanquaient de vingt pas en vingt pas, revolver au poing. Le silence que seuls ils troublaient en frémissait. Les soldats japonais débarquaient. Trente minutes avant, l'amiral de Tokyo avait fait porter au maire du plus grand Changhaï une lettre en trois lignes verticales : trente caractères au plus.

– Très honorable monsieur, disait la lettre, la situation à l'extérieur des concessions est devenue grave. Les municipalités qui commandent les forces étrangères ont décrété l'état de siège. Comme nous avons beaucoup de ressortissants dans Chapeï, nous envoyons nos troupes. Je vous prie de faire le nécessaire pour que vos soldats soient retirés de cet endroit.

C'était tout.

Les Japonais avaient traversé la Mandchourie; ils avaient débarqué à Tien-Tsin comme on cueille une fleur, en passant, sans s'arrêter. Ils allaient du même pas, croyant cueillir de même Chapeï et la gare de Nankin. Mais, en Chine, tout arrive; il arrive même que, malgré M. le maire, des soldats chinois décident de se battre.

Un feu imprévu arrêta la masse en marche. Des troupes de Canton s'opposaient à l'avance du Soleil-Levant. Le spectacle fut renversé. Les Japonais se planquèrent le long des maisons et, sur un commandement rauque, dont le son non plus ne s'oublie pas, ils

« Mourir pouvait être un acte exalté, la suprême expression d'une vie à qui cette mort ressemblait tant. »

partirent au pas de course, courbés, le fusil en avant, si bien que dans la pénombre on les aurait crus à cheval sur leur baïonnette.

Le feu des Cantonais les arrêta deux heures. Puis les Cantonais se retirèrent. Alors commença l'autre chose. Toute armée chinoise est toujours accompagnée d'irréguliers, les « plain clothes men », comme on les appelle dans le pays, autrement dit des francs-tireurs, pour parler comme dans le nôtre, les francs-tireurs étaient dans les maisons de Chapeï.

Les Japonais, sur le trottoir, virent la guerre sortir des fenêtres. Leur plan était déjoué. Cloués sur place, ils ne pouvaient plus marcher sur la gare. La fusillade de rues commença. Toute la nuit, toute la journée, mitrailleuses et fusils arrosèrent Chapeï de haut en bas et de bas en haut. Imaginez par exemple le quartier de Paris entre la Bastille et l'Hôtel de Ville, et les Japonais débarqués le long de la Seine avec la gare du Nord pour objectif. Ici la gare de Nankin s'appelle aussi la gare du Nord. Eh bien ! les Japonais ne pourraient l'atteindre. Ils resteraient accrochés rue de Rivoli si vous voulez.

Depuis deux jours, bien entendu, le cortège qui accompagne les grands malheurs passe en courant dans le reste de Changhaï. Rickshaws, brouettes à une roue, véhicules antédiluviens dont je suis loin de savoir les noms, tout cela bourré de matelas de cauchemar, au-dessus desquels glapissent les innombrables enfants chinois, s'engouffre en désordre dans les concessions étrangères.

Albert Londres,
Mourir pour Changhaï

La propagande en images.

Dans une Chine encore peu alphabétisée, la bande dessinée fut l'instrument indispensable de diffusion de la pensée politique : le texte est donc le commentaire exact de l'image, dans un style en «clichés» équivalent du traitement en «à-plat» de l'image.

La bataille terminée, le lendemain matin, je fus emmené au commandement de la division. Le général de division me reçut et me dit en souriant : «Camarade, tu as pris part au combat, ça n'a pas dû être facile !» Ce mot de «camarade» m'alla droit au cœur.

TÉMOIGNAGES ET DOCUMENTS 155

Le général me demanda quels parents j'avais encore. On eût dit que j'avais dans la gorge une arête. Je lui tendis la veste de ma mère et l'étoile rouge que mon père m'avait laissée, le général les prit avec respect et dit d'un ton grave : « C'est bien l'étoile rouge que nous portions alors ! Ceux qui nous sont chers gardent l'étoile rouge, qui les encourage à poursuivre la lutte. »

Prenant la brochure *Servir le peuple,* il me dit : « Le président Mao nous enseigne : Quand il y a lutte, il y a sacrifice. Or le sacrifice de personnes qui nous sont chères est d'une grande signification. Regarde, la moitié du pays est libérée ! »

Je dis avec émotion au général: «Mon général, donnez-moi un fusil!» «C'est bien, répondit-il, còmme tu es le fils d'un soldat de l'Armée Rouge, tu dois faire un bon combattant. Je tâcherai de retrouver la trace de ton père!» Tout heureux, je le saluai et sortis.

Je portais maintenant l'uniforme vert de l'APL; je fis la traversée du Yangtsé avec l'Armée de Libération pour anéantir les soldats kuomintaniens.

Plus tard, je prêtai serment sous le drapeau du Parti dans le feu des batailles. Lorsque notre division parvint au Kiangsi, j'étais déjà chef d'une escouade d'éclaireurs.

Comme l'Armée stationnait quelque temps près de mon village natal pour se reposer et s'instruire, le général me donna une permission de dix jours; il me demanda de rentrer chez moi pour voir s'il y avait des nouvelles de mon père. Tout ému, je me mis en route. Je brûlais de voir grand frère Sieou-tchou, l'oncle Song et l'oncle Yao!

Le Petit Livre rouge

Au cours des années 70, un athlète, Ni-shin-shin, battit plusieurs fois le record du monde de saut en hauteur, avec une technique pourtant très frustre : mais c'est qu'il se récitait pendant sa course d'élan des fragments du Petit Livre rouge, et la «pensée Mao Tsé-toung» le portait au-dessus de la barre : un nouvel évangile pour une nouvelle foi.

Les trois grandes règles de discipline sont les suivantes :

1) Obéissez aux ordres dans tous vos actes.
2) Ne prenez pas aux masses une seule aiguille, un seul bout de fil.
3) Remettez tout butin aux autorités.

Les huit recommandations sont les suivantes :

1) Parlez poliment.
2) Payez honnêtement ce que vous achetez.
3) Rendez tout ce que vous empruntez.
4) Payez ou remplacez tout ce que vous endommagez.
5) Ne frappez pas et n'injuriez pas les gens.
6) Ne causez pas de dommages aux récoltes.
7) Ne prenez pas de libertés avec les femmes.
8) Ne maltraitez pas les prisonniers.

«Instructions du Haut Commandement de l'Armée populaire de Libération de Chine à l'occasion

TÉMOIGNAGES ET DOCUMENTS   159

d'une nouvelle proclamation des trois grandes règles de discipline et des huit recommandations » (10 octobre 1947),

Il faut faire en sorte que la littérature et l'art s'intègrent parfaitement dans le mécanisme général de la révolution, qu'ils deviennent une arme puissante pour unir et éduquer le peuple, pour frapper et anéantir l'ennemi, et qu'ils aident le peuple à lutter contre l'ennemi d'un même cœur et d'une même volonté.

« Interventions aux causeries sur la littérature et l'art à Yenan » (Mai 1942),

La guerre révolutionnaire, c'est la guerre des masses populaires ; on ne peut la faire qu'en mobilisant les masses, qu'en s'appuyant sur elles.

« Soucions-nous davantage des conditions de vie des masses et portons plus d'attention à nos méthodes de travail » (27 janvier 1934),

Quelle est la muraille vraiment indestructible ? Ce sont les masses, les millions et les millions d'hommes qui, de tout leur cœur, de toutes leurs pensées, soutiennent la révolution. La voilà, la véritable muraille qu'aucune force ne pourra jamais détruire. La contre-révolution ne pourra nous briser ; c'est nous qui la briserons. Quand nous aurons rassemblé des millions et des millions d'hommes autour du gouvernement révolutionnaire et développé notre guerre révolutionnaire, nous saurons anéantir toute contre-révolution et nous rendre maîtres de la Chine entière.

« Soucions-nous davantage des conditions de vie des masses et portons plus d'attention à nos méthodes de travail » (27 janvier 1934),

Il est certain que l'issue de la guerre est principalement déterminée par les conditions militaires, politiques, économiques et naturelles dans lesquelles se trouvent les deux parties en conflit. Néanmoins, ce n'est pas tout ; l'issue de la guerre est également déterminée par la capacité subjective des deux parties dans la conduite de la guerre. Un chef militaire ne peut espérer arracher la victoire en allant au-delà des limites imposées par les conditions matérielles, mais il peut et il doit lutter pour la victoire dans les limites mêmes de ces conditions. La scène où se déroulent ses activités est bâtie sur les conditions matérielles objectives, mais il peut, sur cette scène, conduire des actions magnifiques, d'une grandeur épique.

« Problèmes stratégiques de la guerre révolutionnaire en Chine » (Décembre 1936),

La guerre n'a d'autre but que « de conserver ses forces et d'anéantir celles de l'ennemi » (anéantir les forces de l'ennemi, c'est les désarmer, « les priver de toute capacité de résistance », et non pas les anéantir toutes physiquement). Dans l'antiquité, on se servait, pour faire la guerre, de lances et de boucliers : la lance servait à attaquer et à anéantir l'ennemi, le bouclier à se défendre et à se conserver soi-même. Jusqu'à nos jours, c'est du développement de ces deux types d'armes que résultent toutes les autres. Les bombardiers, les mitrailleuses, l'artillerie à longue portée, les gaz toxiques sont des développements de la lance, et les abris, les casques d'acier, les fortifications bétonnées, les masques à gaz, des développements du bouclier. Les chars d'assaut sont une nouvelle arme, où se trouvent combinés la lance et le bouclier. L'attaque est le moyen principal pour anéantir les forces de l'ennemi, mais l'on ne saurait se passer de la défense. L'attaque vise à anéantir directement les forces de l'ennemi, et en même temps à conserver ses propres forces, car si l'on n'anéantit pas l'ennemi, c'est lui qui vous anéantira. La défense sert directement à la conservation des forces, mais elle est en même temps un moyen auxiliaire de l'attaque ou un moyen de préparer le passage à l'attaque. La retraite se rapporte à la défense, elle en est le prolongement, tandis que la poursuite est la continuation de l'attaque. Il est à noter que, parmi les buts de la guerre, l'anéantissement des forces de l'ennemi est le but principal, et la conservation de ses propres forces le but secondaire, car on ne peut assurer efficacement la conservation de ses forces qu'en anéantissant massivement les forces de l'ennemi. Il en résulte que l'attaque, en tant que moyen fondamental pour anéantir les forces de l'ennemi, joue le rôle principal et que la défense, en tant que moyen auxiliaire pour anéantir les forces de l'ennemi et en tant que l'un des moyens pour conserver ses propres forces, joue le rôle secondaire. Bien qu'en pratique on recoure dans beaucoup de situations surtout à la défense et, dans les autres, surtout à l'attaque, celle-ci n'en reste pas moins le moyen principal, si l'on considère le déroulement de la guerre dans son ensemble.

«De la guerre prolongée» (Mai 1938),

Voici nos principes militaires:
1. Attaquer d'abord les forces ennemies dispersées et isolées, et ensuite les forces ennemies concentrées et puissantes.

2. S'emparer d'abord des villes petites et moyennes et des vastes régions rurales, et ensuite des grandes villes.

3. Se fixer pour objectif principal l'anéantissement des forces vives de l'ennemi, et non pas la défense ou la prise d'une ville ou d'un territoire. La possibilité de garder ou de prendre une ville ou un territoire résulte de l'anéantissement des forces vives de l'ennemi, et souvent une ville ou un territoire ne peuvent être tenus ou pris définitivement qu'après avoir changé de mains à plusieurs reprises.

4. A chaque bataille, concentrer des forces d'une supériorité absolue (deux, trois, quatre et parfois même cinq ou six fois celles de l'ennemi), encercler complètement les forces ennemies, s'efforcer de les anéantir totalement, sans leur donner la possibilité de s'échapper du filet. Dans des cas particuliers, infliger à l'ennemi des coups écrasants, c'est-à-dire concentrer toutes nos forces pour une attaque de front et une attaque sur l'un des flancs de l'ennemi ou sur les deux, anéantir une partie de ses troupes et mettre l'autre partie en déroute, afin que notre armée puisse déplacer rapidement ses forces pour écraser d'autres troupes ennemies. S'efforcer d'éviter les batailles d'usure dans lesquelles les gains sont inférieurs aux pertes ou les compensent seulement. Ainsi, bien que dans l'ensemble nous soyons (numériquement parlant) en état d'infériorité, nous avons la supériorité absolue dans chaque secteur déterminé, dans chaque bataille, et ceci nous assure la victoire sur le plan opérationnel. Avec le temps, nous obtiendrons la supériorité dans l'ensemble et finalement nous anéantirons toutes les forces ennemies.

5. Ne pas engager le combat sans préparation, ou un combat dont l'issue victorieuse ne soit pas certaine. Faire les plus grands efforts pour se bien préparer à chaque engagement et pour s'assurer la victoire dans un rapport de conditions donné entre l'ennemi et nous.

6. Mettre pleinement en œuvre notre style de combat – bravoure, esprit de sacrifice, mépris de la fatigue et ténacité dans les combats continus (engagements successifs livrés en un court laps de temps et sans prendre de repos).

7. S'efforcer d'anéantir l'ennemi en recourant à la guerre de mouvement. En même temps, donner son importance à la tactique d'attaque de positions dans le but de s'emparer des points fortifiés et des villes de l'ennemi.

8. En ce qui concerne l'attaque des villes, s'emparer résolument de tous les points fortifiés et de toutes les villes faiblement défendus par l'ennemi. S'emparer au moment propice de tous les points fortifiés et de toutes les villes modérément défendus par l'ennemi, à condition que les circonstances le permettent. Quant aux points fortifiés et villes de l'ennemi puissamment défendus, attendre que les conditions soient mûres, et alors les prendre.

9. Compléter nos forces à l'aide de toutes les armes et de la plus grande partie des effectifs pris à l'ennemi. Les sources principales d'hommes et de matériel pour notre armée sont au front.

10. Savoir mettre à profit l'intervalle entre deux campagnes pour reposer, instruire et consolider nos troupes. Les périodes de repos, d'instruction et de consolidation ne doivent pas, en général, être très longues, et, autant que possible, il ne faut pas laisser à l'ennemi le temps de reprendre haleine.

Telles sont les principales méthodes appliquées par l'Armée populaire de Libération pour battre Tchiang Kaï-chek. Elles ont été forgées par l'Armée populaire de Libération au cours de longues années de combats contre les ennemis intérieurs et extérieurs et elles conviennent parfaitement à nos conditions actuelles... Notre stratégie et notre tactique reposent sur la guerre populaire; aucune armée opposée au peuple ne peut utiliser notre stratégie et notre tactique.

« La Situation actuelle et nos tâches » (25 décembre 1947),

La fin de Tchang Kai-chek

Le 5 avril 1975, le maréchal président de la Chine nationaliste s'éteint à Taipeh, la capitale de l'île de Taiwan. Il a 89 ans. Le vaincu de 1949 avait dû se réfugier avec ses fidèles sur ce petit territoire. Malgré sa défaite militaire, il songeait encore à reconquérir la Chine. C'est, entre autres souhaits, ce que dévoile son testament.

L'épouse du maréchal, Sung Mei-ling, ou Song Meiling, née en 1901, joua à ses côtés un rôle important. Elle était la sœur de la femme de Sun Yat-sen, qui, elle, restera aux côtés de Mao au moment de la proclamation de la République populaire chinoise.

Depuis que je suis entré à l'école, j'ai suivi l'idéal révolutionnaire du docteur Sun Yat-sen. Pas un seul instant je ne me suis écarté de la foi chrétienne et de l'idéal du docteur Sun. Il ne s'est pas écoulé un seul jour sans que je me dévoue au combat pour éliminer les obstacles pour la réalisation des trois Principes du peuple (démocratie, nationalisme et bonheur) dans le but de construire une nation démocratique et constitutionnelle.

Au cours des deux dernières décennies, ce bastion de liberté n'a cessé de devenir plus puissant et a continuellement mené une guerre politique contre les forces communistes perverses sur le continent.

Jiang Jieshi, ou Tchang Kai-chek, ou Chiang Kai-shek : un seul personnage sous de multiples graphies, l'ennemi juré de Mao, le président de l'autre Chine, celle d'une réussite économique que l'on a pu comparer au miracle japonais.

Alors que la tâche sacrée d'extermination du communisme et de reconquête du continent progresse actuellement chaque jour, le moral et la foi de mon peuple et de mes camarades ne devraient en aucune circonstance être ébranlées même si ma vie arrivait à son terme.

Je souhaite que vous restiez unis comme un seul homme, que vous souteniez la direction du parti et le gouvernement et que vous suiviez les trois Principes du peuple comme nous avons suivi le docteur Sun et que vous fassiez de la reconquête du continent, notre idéal commun.

Alors mon esprit sera toujours présent parmi vous. Toute ma vie a été consacrée à la réalisation des trois Principes du peuple, à la reconquête du continent, à la renaissance de notre héritage culturel et à la démocratie.

Cela aussi devrait être dans son essence le devoir et la détermination partagés par tout le peuple chinois et les forces armées chinoises, chez nous et chez les Chinois de l'étranger, dans leur marche vers la réalisation des objectifs révolutionnaires.

J'espère que vous persévèrerez face à l'adversité et redoublerez d'efforts pour assumer sans faiblesse les responsabilités de la révolution nationale.

Soyez appliqués, soyez courageux, ne relâchez pas votre vigilance et soyez prêts à toute éventualité.

Le Monde, 8 avril 1975

La mort du grand timonier

Lorsque Mao meurt en 1976, c'est un symbole qui disparaît : l'homme politique est mort déjà depuis un certain temps. Mais les commentateurs occidentaux célèbrent tous le symbole, sans prévoir la rapide mise à l'écart, dans la Chine post-maoïste, de la «pensée Mao Tsé-toung».

Mao aura tout réussi, même sa sortie. Et rien n'est plus difficile à réussir sur la scène de l'Histoire.

Venus trop tôt, comme ce fut le cas pour Alexandre, César ou Lénine, les derniers instants laissent l'œuvre inachevée, sa signification incertaine. Venus trop tard, ils laissent le temps de ternir, comme Louis XIV ou Pétain, la gloire qu'on s'était acquise ; ou de voir, du haut d'une amère retraite, comme Napoléon ou tel autre géant, des successeurs écrire à l'épopée quelque épilogue médiocre. Mao, lui, est mort quand il fallait, le dernier de ces hommes de l'Histoire auxquels les bouleversements de la Seconde Guerre mondiale avaient permis de déployer toute leur taille : Staline, Roosevelt, Churchill, de Gaulle, Gandhi.

L'Histoire ne connaissait jusqu'ici de morts qui fussent accomplissement que celles des vieux rois pacifiques, présidant des cérémonies démocratiques, ou régnant sur des peuples sans histoire. Mao, paradoxe énorme, s'est ménagé la mort d'une reine Victoria ou d'un Gustave de Suède. Mais s'il régnait en vieux sage, c'était sur la plus vaste communauté

TÉMOIGNAGES ET DOCUMENTS 165

d'hommes, sur la plus totale entreprise de pouvoir, sur la plus longue révolution qu'on eût jamais vues.

Mieux encore, lui, dont la vie a bouleversé celle d'un quart de l'humanité, il a su faire en sorte que sa mort ne déclenchât pas de séisme. Lui, si universellement et intimement présent à ses compatriotes, il a voulu et su les préparer à son absence. Il avait peu à peu comme spiritualisé son pouvoir. Il s'était enveloppé d'ombre. La nuit qui l'enveloppe aujourd'hui ne changera peut-être pas le caractère de son emprise sur la société chinoise. Le «Grand enseignant» s'était à peu près complètement effacé devant son propre enseignement. Le «Grand timonier» n'est plus, mais la «pensée maotsetung» demeure. Et, comme me le disait un dirigeant chinois: «La Chine a bien vécu deux mille ans sur la pensée de Confucius. Pourquoi ne vivrait-elle pas deux mille ans sur la pensée maotsetung?»

Il n'y eut, dans cette substitution progressive d'un esprit à un homme, aucune astuce, mais la logique d'un certain type de pouvoir: là est le secret du paradoxe qui nous livre la vérité de Mao.

Mais il faut d'abord recenser les signes extérieurs de sa réussite. Ils permettent d'affirmer que, dans l'ordre du pouvoir temporel, aucun homme jamais n'a autant voulu ni autant accompli.

Comme tous les Chinois qui ont grandi avec le siècle, il n'a hérité de rien d'autre qu'un rêve. La Chine de son enfance était un nom sans substance. La réalité, c'était un territoire dépecé, des richesses concédées, une société mi-figée, mi-décomposée, des pouvoirs sans légitimité, une culture volatilisée. Une multitude immense livrée à une nature sans frein, à des étrangers sans scrupule, à des chefs sans règle – à elle-même, enfin: je veux dire à ses habitudes multiséculaires d'obéissance passive, à ses coutumes et à ses tabous. Guerres civiles, famines – pustules sur un corps exsangue.

Aujourd'hui, la Chine porte fièrement son nom. Indépendante, maîtresse de son sol et n'y accueillant que qui elle veut. Maîtresse de ses revenus, et les exploitant sans capital étranger. Si puissante qu'on doit renoncer à la classer dans le tiers monde. Entrée par surprise dans le bloc atomique, par patience dans le club des cinq Grands de l'Onu, passée de la bombe A à la bombe H en moins de temps qu'aucun autre pays. Glorieuse d'avoir brisé trois fois à ses portes l'étau américain: en Corée, à Formose, au Vietnam. Pacifiée, gouvernée, réglée. Débarrassée des fléaux millénaires, depuis les dévastations du Houang-ho jusqu'à l'infanticide, depuis les sauterelles jusqu'aux pieds mutilés des femmes. Nourrie à suffisance et s'accroissant à mesure de ses possibilités. Libérée du scandale offert par le luxe de quelques-uns dans la pauvreté de presque tous. Forte, enfin, d'une foi simple et absolue en elle-même.

Cherchez dans l'Histoire entière: vous ne trouverez aucun exemple d'un passage, assuré pour tant d'hommes, de si bas à si haut. Plus bas, peu de nations constituées y sont jamais descendues, et la Chine s'y est traînée pendant trente ans. Plus haut, aucun peuple médiéval ne s'y est hissé en si peu de temps, et si seul.

En Chine, le communisme n'a pas été responsable de la destruction de l'ordre ancien. En 1921, quand Mao Tsé-toung, avec onze camarades, fonde à Shanghai le Parti communiste chinois, c'est déjà au milieu des ruines que cette poignée d'hommes réfléchit et agit.

Mais ce qui les distingue de tous les Chinois qui, à la même époque, se demandent «comment en sortir?», c'est qu'ils ne veulent pas rebâtir les ruines sur le même plan.

C'est ce qui distingue plus encore Mao lui-même. En 1925, en tout cas, il sait que la reconstruction – il dit la révolution – ne se fera pas à partir du prolétariat industriel (produit importé, fait d'hommes déracinés); mais qu'elle se fera avec ce qui reste en Chine quand il ne reste rien: cinq cents millions de paysans accrochés à leur sol nourricier. Prêts à tout, pour peu qu'on leur dise: «Cultivez-la ensemble, cette terre, et partagez-en la récolte», et qu'on les organise contre leur peur.

Mao s'installe donc d'emblée dans un communisme hétérodoxe. Il pratique l'agitation paysanne dans le Hou-nan. De 1925 à 1927, à la tête de l'Institut du mouvement des paysans de Canton, il a formé des cadres et s'est forgé sa doctrine. Il l'expose dans son *Rapport d'enquête sur le mouvement paysan au Hou-nan*. Du coup, le comité central de son parti l'exclut, en 1927, du bureau politique. Mais, presque simultanément, Tchang Kaï-chek, en écrasant à Shanghai le communisme urbain, démontre sans le vouloir la validité des thèses maoïstes.

Devenu clandestin, le Parti restera fidèle pendant huit ans à la stratégie et aux hommes du Komintern. Mao reste dans le Parti, mais fait bande à part. Il organise ses bastions paysans: d'abord, de 1928 à 1930, le réduit des monts Ching-Kang, puis, la République soviétique du Kiang-si (1931-1934); enfin, après les 12 000 kilomètres de la «Longue Marche», d'octobre 1934 à octobre 1935, le château fort du Chen-si, où il reconstituera l'Armée rouge, fera d'elle un levain au milieu de la pâte, conduira grâce à elle des expériences de communisme paysan en vraie grandeur, et attendra onze ans l'occasion de la mener battre les forces du Kouo-min-tang. Entre-temps, en 1935, après les mystérieux débats du Tsouen-yi, au plus fort de la «Longue Marche», l'ensemble du Parti se sera rallié à ses thèses et l'aura porté à sa tête.

Ainsi, cette réussite sans précédent de la Chine, c'est celle du communisme chinois, mais c'est totalement celle de Mao Tsé-toung: la réussite de son choix stratégique défini d'emblée, de ses forces peu à peu rassemblées, de ses décisions sur le moment où il faut se replier, attendre, guetter, et le moment où il faut frapper.

Ce qu'il y a là de *personnel* se laisse apercevoir dans l'harmonie intime entre l'analyse théorique et le comportement. Mao n'a pas seulement *désigné* dans le paysan chinois le vrai levier de la révolution, il a *agi* en paysan: il s'est tapi au ras du sol, il s'est taillé un domaine, il s'est armé d'une patience inépuisable, il n'a jamais livré de combat «pour l'honneur», il n'a jamais rompu sur un désaccord théorique.

Ce qui frappe encore, et qui fut capital pour la suite, c'est que la méthode choisie lui ait permis de forger un mouvement révolutionnaire qui fut *aussi* un outil de gouvernement; il a toujours administré un territoire, si réduit fût-il. Il a toujours évité de s'évader dans une idéologie abstraite: à Canton, dans les monts de Ching-Kang, dans le Kiang-si, sur le parcours de la «Longue Marche», et surtout dans le Chen-si, il a cherché des bancs d'essai où expérimenter des idées qu'il voulait avant tout pratiques. En sorte qu'après

1949 Mao put diriger la Chine avec des méthodes longuement éprouvées – et sans perdre pour autant l'influx révolutionnaire.

Ce mariage apparemment indissoluble entre la révolution permanente et le gouvernement efficace, qui est la marque, sans précédent elle aussi, du communisme chinois, il s'est conclu en plus d'un quart de siècle de lutte, pour montrer ensuite sa fécondité en plus d'un quart de siècle de pouvoir.

Mao a *créé* là un nouveau mode d'existence politique, à la limite du religieux et du social. Une société exaltée : transparente parce que niant toute intimité personnelle ; totalitaire donc, absolument, mais autour de valeurs qui ne sont ni basses ni absurdes Il l'a maintenu à force de relances, de campagnes de surexaltation, destinées tout ensemble à faire progresser la conscience collective et à détruire les germes du bureaucratisme : campagne des Cent fleurs, Bond en avant, Révolution culturelle, et, récemment encore, déconfucianisation systématiquement organisée par la campagne Pi Lin Pi Kong.

A aucun moment, ce vieil homme n'a eu la tentation de figer l'Histoire. Il a continué d'éperonner le dragon qu'il chevauche depuis un demi-siècle – et qui ne l'a jamais désarçonné.

Quel fut son secret ? Peut-être, lui qui a vécu la plus extraordinaire aventure du pouvoir de tous les temps, de ne jamais avoir *aimé* le pouvoir. Il disait à Edgar Snow : « Qu'aurai-je été ? Rien qu'un moine solitaire allant à pied de par le monde sous un parapluie percé... » Élégance d'homme recru de puissance ? Je ne le crois pas. A aucun moment, Mao ne semble avoir cédé aux vertiges austères, pas plus qu'aux facilités puériles du pouvoir. Le culte obsédant qu'on lui a rendu plaide contre cette interprétation ? Je ne le crois pas non plus ; ce culte a personnalisé l'âme collective du peuple chinois. Mao ne semble pas s'être enivré de cet encens qui exaltait son peuple.

Cet homme – qui fut, de tous les temps, le chef le plus puissant du rassemblement le plus nombreux – a vécu presque toute sa vie dans la retraite, dans des abris provisoires, dans les cellules troglodytes de Yen-ngan, dans un petit pavillon de la Cité interdite. Il a toujours préféré la nuit au jour, « comme les hiboux », disait Khrouchtchev.

Sans doute faut-il revenir à cette image du *moine,* pour saisir le sens qu'elle avait pour Mao. Les moines taoïstes aimaient les cavernes, néant de la montagne, et acheminement vers les Cieux-Cavernes, asile des Immortels. Ils aimaient la retraite, creux de la demeure et creux du cœur. Là, par la méditation, ils devenaient infiniment petits et rejoignaient les Véritables, les Immortels.

Comme me le disait le poète Kouo Mo-jo : « Mao Tsé-toung a retourné la Chine comme un gant, mais c'est toujours le même gant, sur la même main. »

Et on pourrait dédier à Mao, comme épitaphe, la formule que le même Kouo Mo-jo dédiait à de Gaulle comme toast posthume : « Il n'est plus. Mais son corps seul est mort. Son esprit est toujours vivant, car les idées qu'il a défendues et incarnées ne peuvent pas mourir. »

Alain Peyrefitte,
Le Point, 13/09/76

Post-scriptum

Tout au long de ce livre, vous vous êtes certainement posé des questions sur les mystères de la langue chinoise... Certains noms dont vous aviez l'impression de connaître l'orthographe y sont écrits différemment. C'est que, depuis quelques années, tout a changé, et mieux vaut s'habituer tout de suite au chinois du XXIᵉ siècle.

MAO TSE TOUNG, VEUT ÊTRE LE TITO DE

Mao Zedong

Avec ses soldats en guenilles il écrase la belle armée de Tchang Kaï-chek

L'écriture chinoise n'est pas alphabétique : elle a recours à plusieurs milliers de signes qui n'ont pas grand-chose à voir avec la prononciation. Dès les premiers contacts avec la Chine, les Européens ont tenté de retranscrire au mieux, avec leur alphabet, les mots chinois. Étant donné la complexité du système phonétique chinois, très éloigné du nôtre, toutes ces transcriptions étaient approximatives, ou plutôt adaptées aux prononciations des pays qui les inventaient. C'est ainsi que, par exemple, les Anglo-Saxons ont mis au point le système dit "Wade-Giles" (du nom des inventeurs) et la France celui de l'École française d'Extrême-Orient. Mais il y avait encore plusieurs dizaines d'autres systèmes, avec les risques de confusion qu'entraînait une telle multiplication. En Chine même, des travaux linguistiques ont abouti, après un demi-siècle de recherches et de mises au point, à l'établissement, dans les années 1960, du système de transcription *pinyin* (épellation), le seul système désormais officiel en Chine : on l'utilise notamment dans les écoles pour l'enseignement des caractères chinois. Dans une seconde étape, en 1979, ce système *pinyin*, jusqu'alors réservé à l'usage interne de la Chine, a été déclaré par la République populaire de Chine le seul officiel, aussi bien sur le plan intérieur que sur le plan international. Cette décision présente le grand avantage de donner une norme unique, évitant ainsi les confusions. Mais le gros désavantage est qu'il est pratiquement impossible de lire correctement cette transcription sans connaître auparavant le mode d'emploi. Nous vous donnons ci-dessous quelques règles de phonétique ; ne soyez pas rebutés par leur difficulté, et dites-vous au moins qu'en prononçant toujours Pékin au lieu de Beijing et Canton au lieu de Guangzhou, on vous comprendra encore aujourd'hui.

C	TS, avec explosion.
CH	TCH, avec explosion.
E	É après I ou U.
EI	É.
ER ou R final	EUL rétroflexe.
G	G(U) toujours dur.
H	fortement aspiré, comme dans le H initial allemand.
I	E muet, sauf après J, Q, X, Y, où il se prononce I.
J	J mouillé, comme dans l'anglais "june".
OU	Ô-OU (diphtongue).
Q	TCH mouillé.
R	J rétroflexe.
U	OU, sauf après J, Q, X, Y, où il se prononce comme le U français.
X	CH palatalisé comme dans l'allemand "ich".
Z	DZ.
ZH	DJ.

Si le texte de l'auteur, Claude Hudelot, utilise la transcription *pinyin*, il n'en est pas de même pour les textes que nous avons sélectionnés dans la partie Témoignages, Documents. En effet, ces extraits de romans, d'essais ou d'articles ont été repris dans leur version originale, bien antérieure à ces mesures d'uniformisation; c'est pourquoi vous y retrouverez des personnages dont le nom vous semblera nouveau.
Et pourtant, non: le Tchang Kai shek de la *Condition humaine* de Malraux est bien le Jiang Jieshi dont vous avez suivi, tout au long du livre, la rivalité avec Mao Zedong, plus connu autrefois sous le nom de Mao Tsé-toung.
Si vous avez un doute, reportez-vous à l'index: les personnages et les lieux les plus importants y sont donnés dans les deux transcriptions, avec renvoi de l'ancienne à la nouvelle.

Pour vous permettre d'en savoir plus sur l'histoire de la Chine et de la Longue Marche, nous avons sélectionné quelques ouvrages disponibles en librairie, qui vont des œuvres originales de Mao à des numéros spéciaux de revues consacrés aux différents anniversaires des principaux événements de la Chine moderne.

La Longue Marche
Hudelot C. *La Longue Marche,* Gallimard, 1973.
Smedley A. *La Longue Marche,* Richelieu, 1969.
Walter G., Hu Chi Hsi *Ils étaient cent mille, la Longue Marche,* Lattès, 1982.
Wei Kouo Lou *Chou En-Lai durant la Longue Marche,* récits de son ancien garde du corps, Éditions en langues étrangères, Pékin, 1976.
Géo, numéro spécial consacré à la Longue Marche, octobre 1986.

Œuvres de Mao
Œuvres choisies de Mao Tsé-toung Éditions en langues étrangères, Pékin, 1976.
Mao Tsé-toung *Le petit livre rouge,* Éditions en langues étrangères, Pékin, 1957.
Brossolet G. *Poésies complètes* de Mao Tsé-toung, l'Herne, 1968.

Ouvrages historiques
Bergère M.C. *L'âge d'or de la bourgeoisie chinoise,* Flammarion, 1986.
Bianco L. *Les origines de la Révolution chinoise,* Gallimard, 1967.
Guillermaz J. *La Chine populaire,* Que sais-je, 1968.
Histoire du Parti communiste chinois, Payot, 1968.
Schram S. *Mao Tsé-toung,* Armand Colin, 1963.

170 TABLE DES ILLUSTRATIONS

COUVERTURE

Premier plat *En marche vers les monts Tsing Kiang*. Centre de recherches et de documentation sur la Chine.
Dos Mao en route pour Anyam, photo Edimédia, Paris.
Page 4 Timbre commémorant la prise du pont de Luding. Coll. particulière.

OUVERTURE

Illustrations de Philippe Münch.
Page de titre *Mao et son armée* (détail), peinture traditionnelle. Centre de recherche et de documentation sur la Chine, Paris.

CHAPITRE I

12 Palais d'Été de Pékin. Bibl. nat., Paris.
13 *Les Fonctionnaires*, par Lie Lien ying, fin XIXe.
14h *Procession impériale*, par Chou Pei Chun, 1880. Victoria and Albert Museum, Londres.
14b *Sa Majesté l'impératrice douairière de Chine*, caricature de Léandre, in *Rire*, 14 juillet 1900.
15 *En Chine, le gâteau des rois et des empereurs*, in supplément illustré du *Petit Journal*, janvier 1898. Bibl. nat., Paris.
16 *Mort aux étrangers !* in *Le Petit Parisien*, supplément littéraire illustré, 15 juillet 1900. Bibl. nat., Paris.
17 *Quatorze têtes de Boxers aux murs de Tchio-Tchao*, in supplément illustré du *Petit Journal*, n° 352. Bibl. nat., Paris.

18h Groupe de Boxers en armes à Pékin. Bibl. nat., Paris.
18b *Les Européens en fuite devant les Boxers*, illustration du journal de Shanghai *Toung-Ouen-Hou-Pao*, parue le 8 septembre 1900 dans l'*Illustration*.
19h Sun Yixian, président provisoire de la République chinoise. Coll. particulière.
19b *Église incendiée par les Boxers*, illustration du journal de Shanghai *Toung-Ouen-Hou-Pao*, parue le 8 septembre 1900 dans l'*Illustration*. Bibl. nat., Paris.
21h Soldats de l'armée révolutionnaire coupant les nattes des Chinois à Nankin, 1911.
21b Yuan Shikai, président de la République chinoise.
22h Portraits de Mao Zedong jeune. Amitiés franco-chinoises, Paris.
22b Barque sur laquelle se réunissaient les membres fondateurs du PCC, 1921. Amitiés franco-chinoises, Paris.
23h Jiang Jieshi, estampe, 1924. Centre de recherches et de documentation sur la Chine contemporaine.
24/25h Lili San, grand leader syndicaliste, Shanghai, 1927.
24/25b Répression de la Commune de Canton, 1927.
26/31 Fac-similé d'un album d'imagerie populaire prêchant la guerre contre les étrangers, publié en 1891 à Tchang-Cha, repris dans l'*Illustration* du 28 juillet 1900.

CHAPITRE II

32 *Monts Tsing-Kang*, estampe traditionnelle de Lie Keh Jan. Amitiés franco-chinoises, Paris.
33 *Mao aux monts Tsing-Kang en 1927*, peinture traditionnelle. Centre de recherches et de documentation sur la Chine contemporaine.
34/35h *Le Camarade Lui Shao Chi avec les ouvriers des houillères An Yuan, 1927*, peinture traditionnelle.
34/35b *Fondation du pouvoir rural*, estampe populaire, 1931-1934. Centre de recherches et de documentation sur la Chine contemporaine.
36/37 Laboureurs manchous, 1912. Coll. Albert Kahn., département des Hauts-de-Seine.
38/39 Paysans du mont Taishan devant leur maison, 1913. Coll. Albert Kahn., département des Hauts-de-Seine.
40-41 Cour de maison dans les environs de Pékin, 1912. Coll. Albert Kahn., département des Hauts-de-Seine.
42/43 Scène de rue en Chine, 1909. Coll. Albert Kahn., département des Hauts-de-Seine.
44/45h *En marche vers les monts Tsing Kiang*. Centre de recherches et de documentation sur la Chine contemporaine.
46 Zhu De, général en chef des armées, haranguant ses troupes.
47 Jiang Jieshi, mars 1934.
48/49b Soldats de Jiang Jieshi durant une

des cinq campagnes lancées contre Mao, 1928.
49h Fang Yuxiang.
50 Zhou Enlai, jeune officier. Centre de recherches et de documentation sur la Chine.
51hg Mao, Po Ku, Otto Braun, Zhu De.
51hd Otto Braun. Bibl. nat., Paris.

CHAPITRE III

54 *En suivant l'itinéraire de l'armée Rouge*, dessin de Lie Kie. Amitiés franco-chinoises, Paris.
55 *Mao et son ordonnance*, dessin postérieur à la Longue Marche. Amitiés franco-chinoises, Paris.
56/57 Étape de l'armée Rouge au pied des montagnes du Jiangxi, décembre 1934.
58h Chapeau en bambou et sandales, utilisés par les soldats de l'armée Rouge.
58/59b Soldat de la première base rouge. Amitiés franco-chinoises, Paris.
59 Musette et sac à provisions, utilisés par les soldats de l'armée Rouge.
60 Fac-similé d'un journal mural.
61 Fusils allemands de récupération.
62 Presse utilisée par les soldats de l'armée Rouge.
63 Luo Bing Hui, protecteur de l'arrière-garde, avec ses ordonnances, les petits diables.
64b *L'armée Rouge traversant le fleuve Wujiang*, dessin de Wang Che-Kouo, 1935. Amitiés

TABLE DES ILLUSTRATIONS 171

franco-chinoises, Paris.
64/65h *Les femmes soldats se jettent dans le fleuve pendant la Longue Marche*, estampe populaire. Centre de recherches et de documentation sur la Chine contemporaine.
67b *L'Aurore sur Zunyi*, estampe traditionnelle. Amitiés franco-chinoises, Paris.
68 Mao et Lin Biao après la conférence de Zunyi, janvier 1935.
69 Conférence de Zunyi. Amitiés franco-chinoises, Paris.
70h Mao et sa famille à Shao Shan. Musée de Shao san, Chine.
70b Mao avant son départ pour l'académie de Changsa.
72h Comité exécutif central du gouvernement soviétique de Jiangxi, novembre 1931.
73b Mao debout sur une estrade s'adresse à un groupe de paysans.
73 Mao en 1931.
74 Mao en 1936.
75 Mao en route pour Anyam.

CHAPITRE IV

76 *Femmes chinoises pendant la Longue Marche*, estampe populaire.
77 *L'Assaut du pont de Luding*, dessin de Chen Yuxian.
78/79 *La Prise du défilé de Lushan*, peinture à l'huile de Peng Pin. Amitiés franco-chinoises, Paris.
80 *Zhu De*, dessin à la plume par un soldat de la quatrième armée de la Longue Marche. Centre de recherches et de documentation sur la Chine, Paris.
81 *Propagandistes dans le Sud en 1935*, peinture traditionnelle. Centre de recherches et de documentation sur la Chine, Paris.
82/83h *Aurore à Hung-Hu*, province de Hupei, peinture traditionnelle, 1930. Centre de recherches et de documentation sur la Chine, Paris.
82/83b *Traversée du fleuve Jaune*, peinture traditionnelle. Centre de recherches et de documentation sur la Chine, Paris.
84/85b Goupe Lolo, minorité du Sichuan.
85h Mao et He Zichen, sa deuxième femme. Centre de recherches asiatiques, Paris.
86/87 Wang Sheng, commissaire politique du sixième groupe de l'armée Rouge, avec la tribu Miao.
87h Le général Liu Bo Cheng.
89 Timbre chinois commémorant le passage du pont de Luding, émis en 1955. Coll. Maruszenki.
90/91h *L'armée Rouge traverse la grande montagne enneigée*, peinture par Aï Chung Hsun. Centre de recherches et de documentation sur la Chine, Paris.
93h Zhang Guotao et Mao.
93b Premier contact des unités de la vingt-cinquième, vingt-septième et seizième armée à Ying Ping Chou, le 18 juillet 1935.

CHAPITRE V

94 Mao Zedong pendant la Longue

172 TABLE DES ILLUSTRATIONS

Marche.
95 Timbre à l'effigie de Mao. Coll. particulière.
96/97 Les steppes marécageuses. Amitiés franco-chinoises, Paris.
98/99 *La Traversée des steppes marécageuses*, peinture par Chen Yao Yi. Amitiés franco-chinoises, Paris.
100 Un petit diable.
101 *Un petit diable*, dessin à l'encre par Ho Hu Hua, 1937. Amitiés franco-chinoises, Paris.
102/103 *Le président Mao au nord du Shensi avec Zhou Enlai*, peinture, 1935-1945. Centre de recherches et de documentation sur la Chine.
104/105 La Longue Marche, carte de Fernando Russo. Airone, Milan.
106/107 Zhou Enlaï, Mao et Zhu De à Yenam.
106 Poème de Mao, *la Longue Marche*, en Chinois. Coll. amitiés franco-chinoises.
108hm Kang Ke-quing, femme de Zhu De.
108hg Xu Xiang-Qiu.
108hd Kao Kang.
108bg Tong Piwu. Amitiés franco-chinoises, Paris.
108bd He Long. Centre de documentation sur la Chine, Paris.
109 Xu Meng Qiu, historien de la Longue Marche.

CHAPITRE VI

110 Mao Zedong et Zhu De passant en

revue les troupes après leur entrée à Pékin en 1949.
111 Du haut de sa forteresse, Jiang Jieshi contemple le continent chinois.
112h Zhou Enlaï retour de Xian, à l'aéroport de Yenam. Amitiés franco-chinoises, Paris.
112b Zhu De revêtant l'uniforme du Guomindang pour la première fois.
113 Le maréchal Zhang Xueliang et Jiang Jieshi, janvier 1937.
114/115 Exode de la population chinoise, devant les Japonais, 1938.
116/117 L'armée japonaise défile dans la Cité interdite après la prise de Pékin en juillet 1937.
118/119 Se soldats japonais se protégeaient des gaz dans les rues de Shanghai pendant la guerre sino-japonaise.
120 Guerre sino-japonaise, 1930.
121d Guerre sino-japonaise, septembre 1937.
121g Après un raid, guerre sino-japonaise.
122-123 *Les Cinq Braves du mont Lang Ya.* Centre de recherches et de documentation sur la Chine, Paris.
124 Le général Jiang Jieshi entouré de sa femme et du général Wademeyer.
125 *Mao face à l'avenir*, peinture.
126 *Mao annonce la naissance de la république populaire de Chine, le 1er octobre 1949*, peinture par Dong Xiwen.

TÉMOIGNAGES ET DOCUMENTS

130 Bâtiments et dépendances du Palais d'Été.
133 Palais d'Été : le bateau de marbre.
134h *La Parade militaire du 28 août à travers le palais Impérial de Pékin*, in *l'Illustration*, 3 novembre 1900.
134b *Les Échappés de Pao-Ting-Fou dans la cour du consulat de Tien-tsin*, in *l'Illustration*, 11 août 1900.
135h *L'Armée chinoise : un exercice de rassemblement au camp de Woosung près de Shanghai*, in *l'Illustration*, 25 août 1900.
135b *Les Russes défendent une barricade attaquée par les Boxers*, in *l'Illustration*, 27 octobre 1900.
136 *L'Expédition de Chine, départ de Gênes du « Preussen » portant les troupes allemandes*, in *l'Illustration*, 4 août 1900.
137h *La Porte d'entrée de la légation de France, le 20 juin 1900*, in *l'Illustration*, 3 novembre 1900.
137b *La Porte d'entrée de la légation de France, le 15 août*, in *l'Illustration*, 3 novembre 1900.
138 Le prince Tchuen, régent de la couronne, et ses deux fils, novembre 1908.
141 L'impératrice de Chine et ses dames d'honneur.
142 Affiche de la *Condition humaine*, par Roger Parry. Coll. Madeleine Parry.
144 Une du journal *Marianne*, 13 décembre 1933.
147g Couverture de

l'édition anglaise de *la Condition humaine*, 1930. Coll. particulière.
147d Couverture de l'édition yiddish de *la Condition humaine*, 1930. Coll. particulière.
148 Malraux, 1932. Coll. particulière.
150 Jeunes soldats chinois durant la guerre sino-japonaise.
151 Guerre sino-japonaise : entrée des troupes japonaises à Shanghai.
152 Guerre sino-japonaise : défense d'artillerie antiaérienne japonaise.
153 Un abris chinois durant la guerre sino-japonaise.
154/157 Fac-similé d'une bande dessinée chinoise, *l'Étoile Rouge*, de Wang Tchouen-sin, Coll. particulière.
158g Portrait de Mao, président du comité central du PC chinois.
158d Fac-similé du Petit Livre rouge de Mao. Coll. particulière.
161 Commune populaire de Sinhua ; après le travail, les jeunes paysans lisent le Petit Livre rouge.
162b Le général Jiang Jieshi.
162h Jiang Jieshi et sa femme dans leur maison de campagne.
163 Jiang Jieshi, chef des troupes nationalistes et président de la République. Keystone, Paris.
164 Un million de gardes rouges défilent devant le président Mao, 11 novembre 1966.

Abréviations : h : haut ; b : bas ; m : milieu ; g : gauche ; d : droite.

TABLE DES ILLUSTRATIONS

Note au lecteur.
Les légendes de quelques-unes des photos que nous publions sont incertaines soit par manque de renseignements, soit que, pour des raisons politiques conjoncturelles, les photos aient été partiellement retouchées.
Ainsi, la photo de la p. 94 est-elle datée de la Longue Marche ou de 1949 ; par ailleurs, la femme de Mao, Chiang Ching, présente sur ce document, est le plus souvent effacée sur les photos officielles.
La photo de la p. 68 (Mao et Lin Biao) pourrait être un montage datant de la révolution culturelle, destiné à renforcer les liens entre les deux hommes, Lin Biao devenant ainsi le « plus proche compagnon »...
La photo de la p. 112 (l'incident de Xian) représentait en fait l'ensemble des dirigeants du Parti ; l'entourage de Zhou Enlai a été effacé, ce qui fait de lui le seul héros de l'épisode.

CRÉDITS PHOTOGRAPHIQUES

Airone, Milan 104-105. Bibl. nat., Paris 12, 15, 16, 17, 18h, 19b, 51d. Amitiés franco-chinoises, Paris 22b, 55, 58-59b, 64b, 67b, 78-79, 112h. Centre de recherches asiatiques, Paris 85h, 87h. Centre de recherches et de documentation sur la Chine, Paris 33, 34-35h, 34-35b, 44-45h, 50, 64-65h, 67b, 80, 90-91h. Charmet, Paris 23h, 58h, 59, 60, 61, 62. Cliché Gallimard, Paris 32, 54, 82-83h, 82-83b, 98-99, 101, 102-103, 108bg, 108bd, 122-123, 144, 154, 155, 156, 158d. Coll. Albert-Kahn, département des Hauts-de-Seine 36-37, 38, 39, 40-41, 42-43. Coll. Maruszenki 89. Coll. PPP, Paris 46, 106-107. Culver Pictures, New York 108hd, 112b. Droits réservés 18b, 19h, 26-27, 28-29, 30-31, 77, 93h, 95, 134h, 134b, 135h, 135b, 136, 137h, 137b, 142, 148. Édimédia, Paris 13, 14h, 14b, 24-25h, 73b, 74, 75, 76, 113, 120, 121g, 121d, 126, 162h. Éditions du Seuil, Paris 56-57. Keystone, Paris 47, 49h, 110, 111, 124, 158g, 163, 164. Magnum, Paris/Nym Wales 63, 73, 100. Magnum, Paris 68, 125. Magnum, Paris/Burri 70h, 70b, 94. Magnum, Paris/Hélène Snow 72b, 86-87, 93b. Magnum, Paris/Capa 114-115, 150. Radio Time Hulton Picture Library, Londres 51g. Roger-Viollet, Paris 21h, 21b, 22h, 24-25b, 48-49b, 84-85b, 116-117, 118-119, 130, 133, 138, 141, 151, 152, 153, 162b. Ph. Nym Wales/Droits réservés 108hg, 108hm, 109. Tallandier, Paris 161.

REMERCIEMENTS

Nous remercions les personnes et les organismes suivants pour l'aide qu'ils nous ont apportée dans la réalisation de ce livre : Jean-Loup Charmet, photographe ; Amitiés franco-chinoises ; Centre de documentation sur la Chine ; Centre de recherches asiatiques ; Centre de recherches et de documentation sur la Chine contemporaine ; collection Albert-Kahn ; les éditions Calman-Lévy et 10/18 ; les publications *Airone* et *le Point*.

174 INDEX

A

Académie militaire de Huangpu *voir* Huangpu.
Allemands, les 14, 51.
Américains, les 44, 124.
Anshun-ch'ang *voir* Anshunchang.
Anshunchang 88.
Anxang, les mines de 35.
Armée nationaliste 46, 49, 52, 58, 79, 88, 92, 95, 103, 104, *107*.
Armée Rouge 34, *35*, *44*, 46, 48, 50, 52, 58, 60, *61*, 62, *63*, 63, 66, 68, 80, *81*, 86, *86*, 87, *87*, 88, *99*, 100, 103, *105*, *107*, 111, 115, 126.
Art de la Guerre (Sunzi).

B

Bande des quatre *127*.
Bande dessinée chinoise **154-157**.
Beijing *voir* Pékin.
Blancs, les *voir* Nationalistes.
Bo Gu *51* 68.
Boxers 14, *17*, 18, *18* ; la guerre des *17*.
Braun, Otto (*alias* Li De) 51, *51*, 52, 68.
Britanniques, les 44.

C

Canton, 23, 24, 124 ; Commune de 44.
Capa, Robert *115*.
Cent Fleurs, les *127*.
Chang Guotao *voir* Zhang Guotao.
Chang Hsüeh-liang *voir* Zhang Xueliang.
Ch'angsha *voir* Changsha, ville de 44, 71 ; académie de 71.
Chant de la Longue Marche 63, 78, *83*, 102, 105.
Chen Changfeng 55, *55*.
Ch'en Chih-t'ung *voir* Chen Zhitong 77.
Chen Yi 87.
Chiang-shi *voir* Jiangxi.

Chiang Kaï-shek *voir* Jiang Jieshi.
Chou En-Laï *voir* Zhou Enlai.
Ch'ung-ch'ing *voir* Chongqing 114, 115, *117*, 124.
Chung Fu-shang *voir* Zhong Fushang.
Chu Teh *voir* Zhu De.
Cinquante-Cinq Jours de Pékin, les 14.
Cité interdite *13*, *117*.
Cixi, impératrice 14, *14*, 18, *21*.
Communistes 23, 24, 33, 34, 44, 45, 46, 47, 48, 49, 50, *55*, *56*, *57*, *58*, 58, *59*, 60, 61, 62, 65, 66, 67, 68, *73*, 70, *81*, 84, 86, 87, 90, *92*, *97*, 100, 105, *107*, 111, 114, *115*, *115*, *121*, *123*, 124.
Condition humaine, la (Malraux) **142-149**.
Confucianisme 20.

D

Dadu, rivière 88, 89.
Dazibaos *voir* Journaux Muraux.
Deng Xiaoping 68, 127, *127*.
Derniers Jours de Pékin, les (P. Loti) **130-133**.
Dynastie mandchoue 14, *14*, 18, 19, *21*, *43*.

E

Empire du Milieu *13*, *37*.
Épisode de la corde **97-99**.

F

Falkausen, général 51.
Fang Chih-min *voir* Fang Zhimin 52.
Fang Yuxiang *49*.
Formose *voir* Taiwan.
Français, les 14, *14*.

G

Gansu, province du 95, 104.
Grand Bond, le *127*.
Grande Expédition du Nord, la 23.

Guangxi, province de 63.
Guangzhou *voir* Canton.
Guizhou, province du 63, *66*, 84.
Guiyang, province du 84.
Guomindang 19, 23, *23*, 24, 33, 44, 47, 58, 60, *61*, 62, 66, 67, 87, *109*, 114.
Gutenberg *62*.

H

Haijipian, étang de 88.
He Long 52, *109*.
He Zichen 84, *85*.
Ho Lang *voir* He Lang.
Hong Kong 124.
Ho Tzu-ch'en *voir* He Zichen.
Hsi-an *ou* Sian *voir* Xi'an.
Hsiang *voir* Xiang.
Hua Fu *voir* Braun Otto.
Huangpu *23*, 52.
Hubei, province de 52.
Hu Dengnan (Petit-Ballon) 100-103.
Hu Teng-nan *voir* Hu Dengnan.
Hunan, province du 23, 24, 44, 58, 63, 71, 98.

I

Internationale communiste 51, *51*.
Italiens, les 44.
Ivens, Joris *115*.

J

Japon, *99* ; guerre avec le 107, **114-123**.
Japonais, les 14, *14*, 20, 44, 48, 92, 111, 112, *112*, 114, *115*, *117*, *119*, *121*, *123*.
Jiang Jieshi *19*, 23, *23*, 24, *25*, 33, 44, 47, *47*, 48, 50, 52 *61*, 65, 84, 87, 88, *107*, 111, *111*, 112, *113*, 114, *121*, 124, *124*, 126,

162-163.
Jiangxi, province du *33*, 34, *47*, 50, 52, *57*, *58*, *73*, 92, *109*.
Jiang Xin *85*.
Jinggang, les monts *33*, 34.
Journaux Muraux *60*, 68.
Juichin *voir* Ruijin.

K

Kang Ke-quing *109*.
Kangmaose, lamasserie 96.
Kao Kang *109*.
Kiangsi 68.
Kuang-hsi *ou* Kwangsi *voir* Guangxi.
Kueichou *ou* Kwei-chou *voir* Guizhou.
Kuiyang *voir* Guiyang.
Kuomintang *voir* Guomindang.

L

Lénine 34.
Libération de 1949 *37*.
Li De *voir* Braun Otto.
Liening *voir* Lénine.
Li Lisan *25*.
Lin Biao *69*, *79*, 86, *87*, 88.
Liping 63, 111.
Liu Bocheng 62, 86, *87*, 87, 88.
Liu Po-ch'eng *voir* Liu Bocheng.
Liu Shaoqi 35, *71*, 126.
Lolo, peuple *84*, 85, *85*, 86, 87-88.
Londres, Albert **150-153**.
Longue Marche, la (Chen Zhitong) 77.
Longue Marche, la (Mao Zedong) 106.
Lo Ping-hui *voir* Luo Binghui.
Loti, Pierre **130-133**.
Luding, pont de (Luting) 77, 88, *89*, 90.
Luo Binghui 62, *63*, 65, 66.
Lushan, passe de 77, *79*, 79.

INDEX

M

Makesi *voir* Marx, Karl.
Malraux, André 25, **142-149**.
Mandchourie 48, 119.
Mao Tsé-toung *voir* Mao Zedong 19, 22, 23, 24, 33, 34, 44, 44, 45, *45*, 46, 50, *50*, 51, *51*, 55, 56, *58*, 62, 68, *69*, **71-75**, 77, 79, *81*, 92, *92*, 95, *95*, 98, 99, *103*, 104, 106, 107, 111, *111*, *123*, 124, 124, *126*, *126*, 127, *127*, **164-167**.
Marx, Karl 34, 88.
Mianning, ville de 86.
Miao, tribu 86.
Minorités nationales 104.
Mont Liupan, le (Mao Zedong) 99, *99*.
Mourir pour Shanghai (A. Londres) **150-153**.
Mouvement du 4 Mai 1919 20, 23, 50, 71.
Moscou 23, *23*, 49, *50*, *51*, 92.

N

Nan-ch'ang *voir* Nanchang insurrection de 50.
Nanjing 44, 114, *117*, *121*.
Nankin *voir* Nanjing.
Nationalisme chinois **26-31**.
Nationalistes, les 23, 24, 33, 34, 44, 47, *48*, 50, 51, 52, *55*, 65, 79, 84, 87, 114, 115, *115*, *123*, 124.

P

Palais d'Été de Pékin 12, *13*.
Parti communiste chinois 22, 23, *25*, 46, 49, 50, *51*, 61, 68, 71, 73, 78, *92*, 92, *95*, *103*, *109*, 114, 115, 124.
Parti nationaliste *voir* Guomindang.
Passet, Stéphane 37.
Paysans, les 23, 24, 44 ; vie des **37-43**.

Pékin 13, *13*, 20, 23, *117*, 124, *126*.
Petits diables, les *55*, *63*, **100-103**.
Petit Livre rouge, le (Mao Zedong) **158**.
Peyrefitte, Alain **164-167**.
Po Ku *voir* Bo Gu.

Q

Questions de stratégie dans la guerre des partisans contre le Japon (Mao Zedong) 123.

R

Rapport sur l'enquête menée dans le Hunan à propos du mouvement paysan (Mao Zedong) 24.
Réforme agraire 34, 50.
René Leys (V. Ségalen) **138-141**.
République chinoise 20, 71.
République populaire de Chine 126, *127*.
Révolution chinoise *35*, 55.
Révolution culturelle 127.
Révolution russe 23, 34, 71.
Rouges, les *voir* Communistes.
Ruijin 48, 51.
Russes, les 14, *14*.

S

Ségalen, Victor **138-141**.
Shaanxi 52, 92, 103, 105, 111.
Shanghai 22, 23, 24, *25*, 114, *119* ; insurrection de 50.
Shaoshan, village de 71.
Seconde Guerre mondiale 114.
Shen-hsi *voir* Shaanxi.
Sichuan 46, 78, *81*, 84, *92*, 95.
Song Jingling *126*.
Sun Yat-sen *voir*

Sun Yixian 19, *19*, 20, 23, *23*, 24, 47, *69*, *126*.
Sunzi 45, 87.
Szu-ch'uan *voir* Sichuan.

T

Tang Jinglin 98.
Taiping 14, *79*, 88.
Taishan, région du mont *39*, *43*.
Taiwan (nom français : Formose) *111*, 113, *124*, 124.
Tatu *voir* Dadu.
Tchang Kaï-chek *voir* Jiang Jieshi.
Teng Hsia-p'ing *voir* Deng Xiaoping.
Tianjin 50.
Tong Piwu *109*.
Tseu-Hi *ou* Tz'u-Hsi *voir* Cixi.
Tsun-yi *voir* Zunyi.

V

Vingt-huit Bolchéviques, les *50*, 51, *51*, 52, 73.
Von Seeckt, général 51.

W

Whampoa *ou* Huang-p'u *voir* Huangpu.
Wang Sheng 86.
Wu, la rivière 78.
Wu-chiang *voir* Wujiang, fleuve 64, 66.

X

Xi'an *ou* Sian, ville de 112, 113 ; incident de 112.
Xiang, rivière 61.
Xiao Yuedian 88.
Xu Meng-Qiu *109*.
Xu Xiang-Quian *109*.

Y

Yan'an 115, 124.
Yang Chenwu 88.
Yang Tsé-kiang *voir* Yangzijiang, fleuve 78, 79, 84, 85 ; vallée du 19.
Yuan Shikai *14*, 20, *21*.
Yutu 55, *55*, 56, 58.
Yu-t'u *voir* Yutu.

Z

Zhang Guotao 22, 78, *81*, *92*, 92, 95.
Zhang Xueliang 112, *113*.
Zhong Fushang 58.
Zhou Enlai 46, 50, *50*, 52, *61*, 68, 98, *103*, *107*, *109*, 112, *113*, *126*, 127.
Zhu De 34, 44, *45*, 47, 51, 73, 79, 80, *80*, 87, 88, *92*, 92, *105*, *109*, 112, 124, *126*, 127.
Zhun Beizhun 14.
Zunyi 63, 66, 67, 68, 77, 79, 111 ; conférence de *69*.

Table des matières

I LA FIN DE L'EMPIRE DU MILIEU

14 Le gâteau chinois
16 La guerre des Boxers
18 Les premières luttes
20 Les premiers jours de la République chinoise
22 La jeunesse des deux rivaux
24 Shanghai 1927
26/31 *La Chine aux Chinois!*

II BLANCS ET ROUGES : LA GUERRE COMMENCE

34 Ouvriers et paysans, tous au combat
36 *La vie des paysans: les champs*
38 *La vie des paysans: la maison*
40 *La vie des paysans: la famille*
42 *La vie des paysans: le village*
44 Zhu-Mao, deux chefs pour les Rouges
46 Jiang Jieshi à la tête des campagnes d'extermination
48 Les troupes nationalistes
50 La lutte pour le pouvoir
52 La fuite en avant

III LE GRAND DÉPART

56 L'armée Rouge quitte le Jiangxi
58 100000 hommes sourire aux lèvres
60 Enthousiasme pour les uns, cauchemar pour les autres
62 Les petits diables
64 Passer tous les fleuves
66 L'aurore à Zunyi
68 La conférence des chefs
70 *Les années Mao: l'enfance*
72 *L'entrée en politique*
74 *L'image du héros*

IV L'ÉPOPÉE

78 Février 1935 : la bataille de Lushan
80 Mars 1935 : la propagande
82 Avril 1935 : les mêmes dangers
84 Mai 1935 : face à des tribus hostiles
86 Mai 1935 : la négociation avec les Lolo
88 29 Mai 1935 : le pont de Luding
90 Juin 1935 : sur les cimes neigeuses
92 Juin 1935 : la rencontre des chefs

V LA MARCHE FINALE VERS LE NORD

96 Août 1935 : le piège du grand désert de boue
98 La corde, symbole de la survie
100 Septembre 1935 : fin de l'enfer
102 Tous solidaires
104 Après 12000 km, le Shaanxi
106 La fin de l'odyssée
108 Ils ont fait la Longue Marche

VI LA NAISSANCE DE LA CHINE MODERNE

112 Blancs et Rouges : la réconciliation
114 La priorité : la lutte contre le Japon
116 *Juillet 1937: les Japonais à Pékin*
118 *Août 1937: Shanghai tombe*
120 *La Chine ravagée*
122 *L'héroïsme des hommes de Mao*
124 Fin de règne pour Jiang Jieshi
126 La plus grande République du monde

TÉMOIGNAGES ET DOCUMENTS

130 Les Derniers Jours de Pékin
138 Les derniers empereurs
142 La Condition humaine
150 Mourir pour Shanghai
154 La propagande en images
158 Le Petit Livre rouge
162 La fin de Tchiang Kaï-chek
164 La mort du grand timonier